识干家

日進日新　學以致用

机制创造人才

彭剑锋　尚艳玲　主编

北京燕山出版社
BEIJING YANSHAN PRESS

图书在版编目（CIP）数据

机制创造人才 / 彭剑锋，尚艳玲主编. -- 北京 ：
北京燕山出版社，2020. 10

ISBN 978-7-5402-5819-1

Ⅰ. ①机… Ⅱ. ①彭… ②尚… Ⅲ. ①企业管理 - 人
才管理 - 研究 Ⅳ. ①F272. 92

中国版本图书馆 CIP 数据核字（2020）第 194541 号

书　　名： 机制创造人才
作　　者： 彭剑锋　尚艳玲
责任编辑： 满　懿
出版发行： 北京燕山出版社
地　　址： 北京市丰台区东铁匠营苇子坑 138 号 C 座
邮　　编： 100079
网　　址： http://www. bjyspress. com
电　　话：（010）65240430
电子邮箱： bjyspress@ 126. com
印　　刷： 河北宝昌佳彩印刷有限公司
经　　销： 新华书店
规　　格： 170 毫米 ×240 毫米　16 开本　15. 5 印张　194 千字
版　　次： 2020 年 12 月第 1 版　　2020 年 12 月第 1 次印刷
定　　价： 88. 00 元

编委会成员

主　编：彭剑锋　尚艳玲

学术顾问团队（按姓氏笔画排序）

文跃然　包　政　孙健敏　杨　杜　杨伟国
吴春波　张　维　施　炜　黄卫伟

专家作者团队（按姓氏笔画排序）

王祥伍　王智敏　邢　雷　全怀周　孙　波
孙建恒　杨德民　李志华　何　屹　宋杼宸
张小峰　张文锋　张百舸　陈　明　苗兆光
罗　辑　单　敏　朋　震　荆小娟　饶　征
夏惊鸣　高正贤　郭　伟　郭　星　黄健江
彭剑锋　程绍珊

导读

“企业经营的本质是经营客户、经营人才，但经营客户最终还是经营人。

“人力资本的投资优于财务资本的投资，人才要优先投、舍得投、连续投。

“人才不能放任，使之懈怠；激活就是价值。活力与压力是高绩效组织战斗力的来源。”——彭剑锋

今天，创新与人才已成为中国企业持续成长的新驱动力。如何激活个体价值创造动力，并且为个体价值实现提供赋能平台，是企业寻求新繁荣之道的核心命题。

人才管理需要认知与思维革命。如何重新认知人、感知人、响应时代和人的新需求，进行机制创新和价值管理，为个体赋能，经营人，成就人？

本书给你答案。

深耕与创变，进化与守恒，混沌与秩序，沉淀与激活，是我

们较为推崇的认识论与方法论。在某种意义上，它们既是对立的，又是统一的；既可分而治之，又需整体看待。正如禅宗的“不二法”，既要“不二法”（即建立整体观），又需要在操作时一分为二地动态平衡。

《华夏基石管理评论》的价值主张是“从方法论到行动力”。所以本精选集系列分为三个篇章：“洞见篇”，提升认知、创新思维、研判环境；“方法篇”，是华夏基石在上千家企业咨询案例中提炼出来的底层逻辑与一般原理；“研讨篇”，实践永远是鲜活的，理论的灵魂也在于一个“活”字。研讨会在于激活思考、民主讨论、群体智慧；用思想启发思想，以观点激发观点。

本书内容主要来自《华夏基石管理评论》杂志 2016—2020 年原创文章精选，以及华夏基石管理评论公众号编辑的文章，也收录了少量华夏基石专家作者团成员发表在其他媒介上的文章。

目录

第二篇 方法篇

机制创造人才

第一篇 洞见篇

一、数字化转型与人才管理新思维

文/彭剑锋

目前各大城市都在展开“人才抢夺”大战，其实人才不是靠“抢”来的，而是靠营造良好的人才生态环境，靠良好的创业就业机会，靠良好的人文环境及消费环境“引”来的。人才要“以用为本”，“以价值创造者为本”。如果将人才盲目“抢”来，人才来了以后找不到发挥才能、创造价值的机会，英雄无用武之地，也是折煞人才。**简单给人才高薪、送别墅，将人才圈养起来，这是对人才的不尊重。因此，创造良好的就业创业机会和良好的人文生活生态环境是吸引和留住人才的唯一出路。**

但人才生态环境的概念并没有一个清楚的定义，尤其在数字化与智能化时代。从微观角度和企业角度来看，什么是企业的人才生态环境？如何基于数字化与智能化赋予人才生态环境新的内涵？如何打造数字化的人才供应链、人才能力发展链和员工服务链？我认为，首先要**进行认知革命，建立新的数字化与生态化的人才管理新思维。**

（一）人才管理需要认知与思维革命

我认为，良好的人才生态环境的构建，首先需要认知上的革命。为什么需要认知上的革命？从微观的角度看，一是从技术层面上看，数字化、大连接、人工智能的加速应用，在倒逼我们必须进行人才的认知革命，必须确立人才管理的新思维；二是从战略与组织层面上看，**生态战略与“平台化 + 小前端 + 生态化”的组织模式已成为企业未来主流的组织模式**。在这种组织模式下，人力资源管理的思维应该有什么变化，我主要从以下两个层面来讲。

1. 数字化、大连接、人工智能的加速应用与人才的数字化管理思维

从微观层面看，我们需要什么认知革命？我们现在所处的这个时代，技术层面有三个关键词：数字化、大连接、人工智能。中国目前在加速数字化、大连接和人工智能在企业层面上的应用。我们今天谈数字化的时候，数字化不再是一种技术或工具，而是意味着一个全新时代的到来。我认为，数字化与智能化是一种认知与思维的革命。这个时代是互联网综合技术应用创新的时代，是人与技术共同进化的时代，也是一个实体经济跟虚拟经济高度融合的新时代，是从线性思维转向生态思维的时代。这个时代必须确立数字化认知与思维。

面对未来的数字化社会，对中国企业而言，我们不仅仅要实现信息的数字化，更重要的是实现业务活动数字化，实现整个企业从战略到运营的价值链的数字化转型。数字化转型不仅仅是一种技术革命，更是一种认知革命，一种思维方式与经营模式的革命。工业文明的认知与思维是一种连续的、结构化的线性思维，而数字化智能时代的思维是非线性、非结构性的多要素交互融合的生态型思维。中国企业如何进行基于数字化的认知革命，如何

进行数字化的转型，如何提升数字化的生存能力，如何进行数字化的管理重构，如何加速创新以应对商业范式的断点、突变与不连续，是数字化与智能时代企业家与企业都必须面临的认知与思维革命。

建立数字化思维的核心是什么？它就是要从线性管理思维真正转向生态管理思维。数字化的转型，我把它归结为六个方面，需要人事总监们思考。未来，企业的竞争能力在于数字化的竞争能力和数字化的生存能力。要提升数字化的生存能力，人力资源管理应该怎么做？从企业数字化经营与管理角度看，我认为主要有以下六个要素。

（1）数字化的战略思维与商业模式创新。数字经济将是企业新的战略增长点，数字化的转型升级与数字化的商业模式创新将成为企业创新成长的新动能，作为企业家必须有数字化的战略思维才能赢得未来。

（2）数字化领导力。企业要培育和打造数字化领导力，未来的企业内部不再是靠行政命令权威驱动，而是靠数据驱动和文化驱动，领导者要从威权型领导转型成为基于数据化决策的愿景型领导与赋能型领导。

（3）数字化的组织与人的关系。未来的组织形态与结构将是数字化的表达与呈现，形成数字化的组织形态，数字化的虚拟团队，组织与人的关系要基于数字化重构、连接与交互，人才要自我驱动，组织要数字化驱动。

（4）企业运营与业务的数字化。企业要将业务活动数字化，要打造数字化的组织运营平台管理系统。

（5）营销体系与客户的连接的数字化。客户需求将数字化，通过客户需求连接与数字化的精准营销，实现客户个性化需求。

（6）数字化人才管理平台与人才社区。

数字化生存能力的转变，其实对人力资源管理提出了全新的要求。实际上，未来要确立数字化的生存能力，要确定人才管理的新思维。这种新思维，不是我们简单拍脑袋拍出来的。其实，中国现在很多的领先企业都在把数字化作为未来企业生存和发展的根本。

华为在2018年推出了新使命。我们在起草《华为基本法》的时候，华为最早的使命是“成为世界一流的通信设备供应商”。2005年，华为的愿景是“丰富人们的沟通和生活”，使命是“聚焦客户关注的挑战和压力，提供有竞争力的通信解决方案和服务，持续为客户创造最大的价值”。2018年，华为的使命是“把数字世界带入每个人、每个家庭、每个组织，构建万物互联的智能世界”。途径是什么？“技术创新与客户需求双轮驱动，做多连接、撑大管道，使行业能数字转型。”华为的使命就是如何帮助中国企业、各个产业实现数字化的转型。数字化时代要寻找企业新的战略增长的空间，华为把未来经济发展的增长点放到了万物互联、万物感知、万物智能，就是数字化的转型、数字化的经济。

从腾讯来看，马化腾提出：“互联网+”时代，未来中国经济创新成长的新动能就是数字经济。腾讯最新的愿景也跟数字化密切相关，提出“一个目标、三个角色、五个领域、七种工具”。马化腾认为，未来腾讯有三个角色——连接、工具、生态。这三个角色围绕着连接、生态、技术创新的综合应用，来推动整个经济发展的数字化、生态化。

从企业的角度看，以韩都衣舍为代表的企业，内部的运营现在基本上走向基于数字化平台的智能管理体系，不再是垂直的、金字塔式的职能结构，而是真正以客户为中心，建立几百个产品小组。产品小组自己确定销售目标、确定服务于什么样的客户、确定要生产什么样的产品，最后赚的钱跟公司进行分成。每一个产品小组里面都包括产品开发专员、页面制作专员、货品管理专员，企业内部形成几百个直接面对客户的小前端经营管理团队。

这些经营管理团队跟公司是什么关系？它是基于数字的平台化连接关系，即“大平台 + 小前端”的赋能体系，公司总部变成了 12 个平台，这些平台为几百个小组提供所需的面料、供应链服务、品牌服务、职能服务。这时候总部对各个业务小组、产品小组的管控就不再是按照直线垂直系统指挥命令，不再是计划、组织、指挥、管控，而是提供赋能。企业最关键的任务是捕捉客户的需求，把客户的需求转化成为内部任务，内部任务通过市场化来进行协同，企业真正实现“大平台 + 小前端”的赋能体系。

2. 数字化生存力与人才管理新思维

数字化企业的组织结构，不再是传统意义上的金字塔式结构，而是一个数据化连接的网状结构。将来，如果企业家和人事总监不能树立数字化的管理思维，就会看不懂未来企业的运营图，也看不懂未来企业的组织结构。作为一个企业，尤其是作为 HR，在数字化时代必须树立数字化的新思维。

除了要从战略上、组织上、运营上树立数字化新思维，具体到人力资源管理上，也要有数字化的人力资源管理新思维。未来，人力资源管理新思维体现在以下几点。

（1）构建数字化的人性与需求思维。未来，人性特征与人的需求可能都是通过数字化来表达与传递。

（2）要树立数字化的人才供应链思维。整个企业的人力资源管理要跟企业的战略和业务去对接，因为战略和业务都是数字化，人力资源管理的人才供应链也要契合企业的数字化战略和业务发展需要，建立企业战略、业务数字化与人才数字化的连接与交付。

（3）从能力的角度，要具备数字化能力发展思维；从管理者的角度，要有数字化经营与管理意识，要用数字化的知识体系与任职资格、数字化应用与工作技能、数字化沟通与协作能力、数字化文化与数字化伦理道德行为，助力人才实现数字化转型与数字化能力发展。在数字化时代，还要注意人才的数字化与人的隐私权的保护。

（4）要确立数字化领导力。未来，在数字化时代，要靠愿景与赋能型领导。例如，在韩都衣舍的组织结构中，中层管理者基本消失，员工在组织内部做什么、达到什么样的要求，不再靠领导来指挥、命令、控制，而是靠数据驱动的数字化领导，领导者的职能是愿景牵引与赋能。

（5）要打造数字化的人力资源平台与数字化的人才决策体系。传统的人力资源管理职能可能会消失，甚至三支柱经过升级以后，可能只要数字化人力资源平台这一个支柱。

（6）人才价值创造过程与成果全部是数字化衡量、数字化表达、数字化呈现。除了少量的创新性工作，大量的工作都是数字化驱动，人的价值创造过程及成果完全可以精确计算到每一个流程节点、每一分钟，传统的绩效考核、关键绩效指标（KPI）考核可能没有存在的必要。

（7）企业内部的组织结构、人岗匹配变成了数字化工作任务与数字化人才团队。企业的人岗匹配，不再是基于分工合作来建立垂直的、金字塔式的组织结构与人岗匹配。首先是消费者需求的数字化形成企业的工作任务数字化，再形成人才数字化需求与组合，最后形成数字化的工作团队的协调合作。它的顺序是倒过来的。未来人岗的匹配是动态的，是基于工作任务来进行人才的匹配和调节。所以，人力资源的专业职能是模块化的、组合化的、插件化的，随时依据工作任务的组合、团队的组合来提供赋能人力资源专业的职责和服务。

（8）组织与人的关系的数字化。人与岗位进行数字化的动态匹配，人与人都是在一个数字化平台上进行沟通与协同及客户服务的协同，包括组织雇佣关系与合作伙伴关系，也是一种数字化的契约、数字化的连接。

（9）构建数字化的工作场景体验与数字化的员工激励。比如，企业的很多激励可能变成了积分制，人的价值创造报酬可能变成了一种基于人才区块链的内部虚拟货币与内部任务市场化价值的交换。

从这个角度讲，数字化时代，人力资源管理首先要进行认知革命，要树立数字化的人力资源管理思维，人力资源也要从线性的、连续的、结构化的思维转向非连续的、非结构化的、组织与人相互交融的生态思维。中国企业如果要进行数字化的转型，要提升数字化生存能力，要抓住数字化时代中国企业变道超车的机遇，人力资源管理者必须改变思维，必须进行认知革命。

（二）从线性思维到生态思维的人才管理认知十变

传统的线性思维是有围墙的花园。未来，大企业和小企业之间是交融在一起的，企业和用户之间是交融在一起的，它是一个生态。过去叫独木成林，一个产业只能有 2 ~ 3 家，大树底下不长草；未来叫一片森林，大树底下要长草，树要生长好，草也要生长好。对于少数大企业及行业领袖而言，要致力于构建平台、打造生态；对于众多中小企业而言，是参与平台，融入生态，不一定都要成为 500 强企业，而是致力于做精、做专、做小、做好、做久，成为生态体系不可或缺的要素或环节。

人才管理从线性思维到生态思维，主要有以下十个方面的认知革命与思维转变。

（1）对人性假设的认知转变，从线性思维到生态思维。过去的人性假设是黑白假设，非此即彼、非善即恶，这是一种线性思维。但是生态思维不一样，生态思维的人性假设是一种善恶叠加的思维，善恶是一个整体，是一体两面，善恶是交织在一起的，没有善就没有恶，没有恶就没有善，是善还是恶，受正能量的影响，受价值观的影响和牵引。人本来就是一个善恶交织的综合体，但行为是走向善还是恶，取决于价值观，取决于正念。未来，价值观很重要，环境很重要，好的生态环境会激发人性善的一面，恶的生态环境会激发人性恶的一面。所以，A 跟 B 之间的状态受什么影响？第一，受价值观的牵引；第二，受生态环境和人的生存环境的牵引。好的制度、好的机制、好的生态环境，会让坏人变成好人；不好的制度、不好的机制、不好的生态环境，会让好人变成坏人。生态思维的善恶是交互的，是动态变化的。

（2）对人的需求的认知转变，从直线的、垂直的层序思维到网状结构的混序思维。线性思维的人的需求认知，人的需求结构层序按照马斯洛需求来讲是从下至上、从低层次的物质需求到高层次的精神需求再到自我实现的需求，是递增的需求满足。但是生态思维不一样，人的需求结构是混序化的，物质需求与精神需求是交替混序的，是一体化的体验与场景。任何一个人，既有低层次的物质需求，又有高层次的精神需求，高层次的精神需求跟低层次的物质需求是混序的，而且不存在物质需求就是低层次的说法。消费结构的升级，本身是物质需求和精神需求的双向升级。精神需求和物质需求是双向、并行、混序的，没有高低之分。

（3）组织与人的关系的认知转变，从雇佣关系到合作伙伴关系。线性的人才思维，资本是强势的，是资本雇佣劳动，职业经理人给老板打工，本身就意味着不平等，叫资本剥削劳动。但是生态思维不一样，组织与人、货币资本与人力资本之间是一种相互雇佣关系，你可以雇佣我，我可以雇佣你，是一种合作伙伴关系。数字化与智能时代，人力资本成为企业价值创造主体，人力资本不仅要有剩余价值索取权，更要有经营决策话语权，这使得事业合伙制变成一种主流的公司治理模式。未来，很多体力劳动、重复性劳动都会被人工智能替代，留下的是创新性劳动、智慧性劳动。在创新性劳动、智慧性劳动之间，你只能建立事业合伙机制。人力与资本之间不再是一种不平等的雇佣关系，而是一种平等的关系，是一种相互交织的纠缠关系、相互雇佣的平等关系，这就是生态思维。

（4）人与人之间的关系的认知转变，从垂直等级到平行网状。在线性思维条件下，组织是基于严格的分工与科层，严格的等级秩序是一种串联工序、协同关系，是一种上下指挥、服从、汇报、监督制衡的关系。但是生态思维不一样，生态思维完全是基于客户需求与任务。它能够进行自动平行协同，能够形成团队，所以企业内部人与人之间是依据角色和责任来建立汇报关系，不是依据科层，更不是通过人与人之间相互监督制衡；而是通过相互信任、相互承诺来建立人与人之间的关系。

（5）领导和被领导关系的认知转变，从垂直、威权、指挥、命令到平等、支持、赋能。在线性思维条件下，领导就是威权，下级服从上级，这是铁律。在生态思维条件下，领导跟被领导二者之间要破界，领导就是支持、服务、赋能，二者互为客户关系。

（6）组织的驱动机制认知转变，从组织驱动到自我驱动。线性思维就是组织大于一切，个人服从组织，人是工具，人在组织中就是一颗螺丝钉、一个工具，人才是被驱动的。但是生态思维不一样，每个个体都是有能量的，每个个体都是有生命力的，个体跟组织之间是能量的交互，所以要尊重个体的力量，一个天才的创新力有可能引爆整个组织。激活每个个体的创新力，需要员工从“要我干”到“我要干”“我们一起干”。人才一定是自驱动的，而不是被驱动的。

（7）组织文化的认知革命，从利己单赢文化到利他共生文化。组织文化的线性思维是一种零和博弈，每个个体的利益是独立的，首先是利己，然后是利他。但是生态思维不一样，生态思维所确立的是利他文化，成就他人，再成就自己，相互成就，因为各个能量球在生态体系之中是相互成就的。不是我多了你就少了的零和博弈，而是相互赋能、相互成就，形成共生共赢的生态文化。所以，组织需要有包容性增长。过去是大树底下不长草，现在是大树底下要有草，要平等、交互、共生。

（8）人才管理模式的认知转变，从统一、整齐划一到差异化、多样化的灰度思维。线性思维就是单一模式，一竿子插到底。现在的生态思维要实现不同对象、不同业务、不同阶段的差异化管理，对人才要有灰度思维。所谓灰度思维，就是包容人的缺点、包容人的个性。

（9）人才的管理边界的认知转变，从有界到破界、从封闭到开放。线性思维是有界的，基于严格的分工、岗位职责，各个部门、各个岗位之间有严格的规则，各个部门之间、组织与组织之间是封闭的，有严格的边界，它是自我闭环。但是到了生态思维，一定是跨界、开放、与业务及外部人才要实现融合，要构建相互交融、开放的生态体系。生态如果不跟外部环境进行能量交换，它就不可能形成生态。如果是自我封闭，它就不可能真正形成所谓的生态。

（10）人才的工作、生活环境的认知转变，激励从单一到多元，从工作与生活矛盾到场景化生态交融。过去，人靠工资、奖金激励，工作就是工作，生活就是生活。未来，工作和生活是融为一体的，实现工作、生活交融的场景化，工作娱乐化，娱乐工作化，工作就是生活，生活就是工作。所以，这时候的思维要从单一要素、结构化的薪酬激励走向多元要素、非结构化的多元薪酬激励，以及工作场景与生活场景之间的相互交融形成生态体系。

总之，到了数字化与生态化时代，人才生态环境这个瓶里装的不能还是老酒，要换新酒。新酒就是全新的数字化时代的数字化思维方式和数字化认知，是基于数字化的、连接的、交互的、开放合作的生态思维。只有这样，才能真正激发人的创新力，才能真正激发人的潜能，才能真正实现企业的创新与人才的驱动。

二、品质发展时代的人才领先战略

文/彭剑锋

任何一个区域经济的发展、企业的发展，最大的瓶颈还是在于人才，人才是社会经济发展的第一驱动力。中国的社会经济发展到今天，进入了高质量发展时代，我们称为创新驱动与品质发展时代。真正要实现中国经济的品质发展，背后实际上取决于人才的创新能力，以及人才自身的素质和能力的提升。

现在很多城市都在大力引进人才，进行产业结构的调整、产业的升级，也在大力发展枢纽经济、门户经济、流动经济，这些的背后实际上还是要回归到如何培育创新文化，人才能够在这块土壤上生根，能够进行价值创造。

（一）人才多不等于有效，应给予其实现价值的机会

关于人才的问题，我首先想谈几个基本的观点。因为现在全国各地、各个区域都在进行产业的转型，都把人才作为产业升级、转型的一个核心的战略要素。各地都在抢人才，都在进行人才智力引进。

但是，人才与人才之间的竞争，还是在于背后的文化与人才机制制度的竞争。

第一，优秀人才不是抢来的，而是招来、引来的。招才引智，不是简单地抢人才，关键是要创造一种环境，让人才想来、愿意来、抢着来。**人才来了以后，关键要留智、留心。留智是要把智慧资源留下来，把知识资源留下来。留心，是真正能够在区域里面生存下来。**人才不在于抢，而在于环境，要优化人才创新创业的环境，同时人才来了以后，生活没有后顾之忧，能够安

心，这是我们所强调的一个理念。

第二，人才是以用为本，人才不是用来养着和供着的。现在各个地区都在引进人才，但是我最近在全国做调查时发现，**很多企业花高薪，给了很好的待遇引进所谓的院士，引进海外人才，问题在于人才来了以后大家养着、供着，使其没有发挥才华的机会。很多地方的人才是为了装门面，真正的人才是用出来的，摔打出来的。**比如中国航天科技集团，航天事业成功的背后就是人才，人才是用事业目标牵引出来的，是用任务压出来的，是在实战中摔打出来的，不是养出来的，也不是供出来的。

关键是人才要创造价值，实现发展。对企业来讲，**现在不是要拥有人才，而是要提供人才有效使用的机会和舞台。**如果人才来了以后，不能提供有效使用的机会和舞台，这是对人才的不尊重，也是对人才的最大浪费。不管是国企还是民企，关键是我们要去研究产业环境、企业内部的生态环境是不是真正能够为人才提供创造价值的机会。

对于人才来说，最重要的不是待遇问题，人才要有事业成就感，越是优秀的人才，越需要有事业成就感。一个区域也好，一个地区也好，引进人才，招商引智最关键的还是要有好的企业，能够在这个区域里面落户。**如果企业不成长，企业不发展，经济不发展，把人才引进来也没有用。**所以，人才的落脚点，引智首先还是要引知名企业落户，真正帮助他们实现战略性成长。

第三，不求人才所有，但求人才所用，借助互联网、物联网真正实现全球人才为我所用。互联网时代，强调要从人才所有权思维（我要拥有这个人才）转变为人才使用权思维。这个人才不一定归我所有，但是要归我所用，你跟人才之间的关系也不是简单的雇佣关系。在某种意义上，很多优秀的人才也是个体知识劳动者，所以人才的使用要多样化，招商引智要多元化，不是单一的雇佣关系，不再单纯地追求长期雇佣。

第四，打造三个人才链条。一是能满足产业战略发展所需要的人才供应链需求。现在很多大型企业都有首席人才供应官，而且在互联网时代更强调选人比培养人重要。最关键的是你要找到顶尖的核心人才、经营型管理人才、高潜质的人才，这就是要打造人才供应链。二是人才来了以后，不仅是用的问题，关键是他的能力如何跟产业、企业的需求相匹配，人才能够融入区域经济、企业的发展，涉及人才的能力发展链。三是越是高精尖的人才，越要把他当客户。我们现在提的理念叫人才是客户，包括如何为人才提供人力资源的解决方案，如何把人才当客户。

第五，合适即人才，有用即价值，有为才有位。人才也不一定追求最高端，而是要最合适，最能适应产业、企业、岗位的需求。现在很多地区、企业还是盲目追求人才高地。其实，人才既有高地又有洼地，关键是人才要配套，人才的结构要合理，层次要有序。高端人才、中端人才、低端人才其实是一个系统，不是引进几个高精尖人才。人才是一个团队，尤其是互联网时代，需要的人才是分层次的，要优化结构，要依据产业的要求构建人才生态，要有一个好的人才生态体系。

第六，人力资本的投资优于财务资本的投资。人才领先战略就是必须改变一种观念，人才不要怕贵，最贵的人才只要有效地使用就是最便宜的人才。这个人才再便宜，如果得不到有效利用就是最贵的人才。在人才的问题上，我一直主张一个理念，最早在华为、美的、TCL 就强调：**你有多大投入才会有多大产出，人才不能用经济学思维来考量。**

经济学的思维就是用最小的投入，获得最大的劳动报酬。但人才不是。很多人经常问我："采用什么样的经营制度，可以用最便宜的代价去获取一流人才，还让他创造一流的贡献？"我说："那是不可能的！"**人才一定是一流待遇、一流人才、一流贡献。**不可能用最便宜的工资去获取最优秀的人才，让他们做出一流的贡献。

越是落后的地区，越要吸引人才，付出的人才代价要比其他地区高。从这一点来讲，**人才还是要优先投、舍得投、连续投。**当年，我们在华为、美的、六和一直倡导的理念是：人才一定是优先投、舍得投、连续投。为山东六和集团做咨询时，我们最早提出人才领先战略。

（二）持续人才领先，要有人才经营意识

不管是国有企业还是民营企业，都有两个经营要素：经营客户和经营人才。经营客户最终也是经营人。所以，要把人才管理上升到经营层面，而不仅仅是一个专业职能层面。

过去一谈人才就是组织人事部门的事情。其实，人才战略包括以下三个方面的经营。

一是对人才的经营其实是对智慧资源的经营。招才引智，其实引进来的不仅是人才，更是一套知识体系。对人才管理强化的是知识管理，是对智慧资源进行有效的管理。对智慧资源进行有效的管理，就是要通过对知识的管理，将个人知识公司化，建立共享的知识信息平台，放大人力资源的效能，通过建立知识的协同体系，提高组织应用知识、转化知识、创新知识的速度。

一些企业从华为挖走了大量人才后，感到很困惑，他们问我："华为的人才很优秀，为什么到了这里就不好用？我花了很大的代价把华为的人才挖过来，但没有发挥出作用。"我说："关键是，**任何一个人才在华为都能获得平台资源的支持**，拥有共享的知识信息平台。他在前方'打仗'的时候，需要什么样的枪支弹药，后方会全力以赴地提供支持与帮助，因为整个公司的运行就是以客户为中心，他只要是基于客户的需求，后台就为他提供资源支持。"**人才借助于组织资源、借助于平台，能力就放大了。**

很多公司，权力都是在上面，层层要审批、层层要过各种关

卡，每个领导都在享受签字的快乐，但是不承担市场责任。最后，人才得不到支持，孤立无援，怎么发挥作用？

经营人才最重要的是要建立协同体系、协同平台。组织要打造平台，要提高应用知识、转化知识、创新知识的速度；组织最关键的是创造人才的协同价值。现在很多企业，引进来一个人才后，这个人才就孤军作战。再优秀的人才得不到其他人才的配合，得不到组织资源的配合，最后就变成了“孤岛”。

人才经营强调针对人才的心理需求，如人才尤其是优秀的人才，除了待遇，很重要的是对成就感、荣誉感的需求。有时候，人才选择去不去一个地方，待遇高低和人文环境是同等重要的考虑因素，甚至更多是人文环境的因素。这个地方是不是能够开放包容，是不是能够促进人才的成长发展，有没有安心做事的环境，这些因素越来越成为主要指标。

另外，经营人才就是经营知识。对企业来说，最大的财富不是人才，而是知识。人才都会流动，但知识体系不是能轻易流动的，所以华为提出企业最大的财富是所拥有的知识，以及所拥有的知识产权。

二是我们要打造能力发展链，建立能力发展通道。要建立战略和业务的分类能力发展系统，尤其是能力评价体系，以及优化能力的机制与制度，真正实现能力发展与组织发展同步。

在深化改革需求下的国有企业人才经营，首先要打破“官本位”，开放职业通道。真正让优秀的专家人才能够有职有权，能够脱颖而出。中国航天，是做导弹、火箭的企业，我们在研究它们的人才机制的时候，发现很重要的一点就是真正尊重专家权威。企业不是“官本位”，而是三大权威：一是领导权威，领导还是需要的，行政事务上领导说了算；二是专家权威，专业技术一定是专家说了算；三是流程权威，谁在这个流程节点上谁就有权威。

三是人力资源部职能体系要重塑。人力资源部不能再按照过去那种方式组织人事工作了，过去人力资源部只是一个专业职能层面，一谈人力资源管理就是组织人事部门的事情。

其实，现在华为、腾讯，包括很多国有企业在改革的过程中都在打破过去人力资源的职能体系。腾讯建设了“三支柱”，包含 COE 中心、SSE 中心（平台）、HRBP。现在那些做平台式的企业，不管怎么开放，有两条线是总部一竿子插到底的：一条是财务审计线，还有一条是人力资源线。

事实上，整个企业就是一个人力资源委员会，COE 就是人力资源委员会的主任，各级管理者都是人事决策委员会的成员。人力资源部只提供数据，真正决策是各级管理者，而不是人力资源部。所以，企业重塑人力资源部职能，一是要通过 COE 中心去研究战略、研究业务；二是通过平台化管理提高人力资源管控的效率；三是人力资源部要下到各个业务系统，帮助各个业务线做业务改进。

比如，阿里巴巴设有政委制，做干部管理工作。阿里巴巴是两条管理线：一条是政委制，政委管人才；一条是总经理管事儿。华为也有一条管理线是 HRBP，人才管理一竿子插到底，HRBP 就是业务伙伴，真正参与各个业务线，专门提供人才专业服务。这时候它的人力资源部就不是传统的职能部门了。

我们现在提出以下两个理念。

第一个理念是管人才的人要优先发展。这是过去在其他企业提出来的，现在最大的问题是管人才的人自己首先观念和素质落后。如果管人才的人没有全球视野，自己都没有正确认识人才的理念，掌握科学的工具方法，怎么选人？选出来的人也是不符合企业的要求。所以，管人才的人要优先发展。

第二个理念是人力资源部本身的职能要改革。人力资源部门不再是专业职能层面，要上升到战略，渗透到业务，同时要服务员工。这对组织人事干部工作提出了全新的要求。全球领先的企业，现在都要支撑战略，要成为战略伙伴，要成为业务伙伴，要进行人力资源的平台建设，这是一个发展趋势。

四是建立吸引人才、激励人才的系统工程。未来的人力资源管理一定是专业化的，一定是高素质人才。要强调一个理念，人力资源不仅仅是组织人力资源部门的事情，更是全体管理者的责任。**所以，人力资源第一责任人是 CEO，是各级管理者，还是董事长。**每一位管理者都要承担两大绩效任务；一是率领团队完成目标任务绩效；二是让人才发展。每一个管理者都必须带队伍，必须培养人才。

过去往往把人才的选拔培养仅仅看成是组织人事部门的事情，其实一个企业人才的培养发展是各级管理者的首要责任，不仅仅是组织人事部门的事情，这是国有企业必须改变的一个观念。华为就提出，**没有培养干部的干部不能得到提拔。**在华为，每个干部得到提拔的时候，必须告诉公司有哪两个人可以替代自己，他们达到了这个岗位的任职资格要求。你为企业培养出来的人才能够替代自己，才能得到提拔。这就要求改变我们的观念，人才事实上是要靠各级管理者去发现、去培养，是要承担责任的。

如果所有的管理者都去发现人才，尽力培养人才，人才就会脱颖而出了。所以，不是光靠组织人事部门去挖掘人才、培养人才，是要让所有的管理者承担人才管理的责任。

因此，我们建议**国有企业人才体制的改革要建立全员人才责任体系。**不是光靠组织人事部门去管人才，而是要让各级管理者都承担带队伍、培养人才的责任，要致力于挖掘人才、培养人才。

尤其是 80 **后、**90 **后，很多都是独生子女，需要关爱，需要关注。**作为管理者，就必须跟他们进行有效的沟通，要跟他们进行交流，随时要对他们进行鼓励、激励。

人才选择有两个很重要的维度：一个是他的能力贡献是不是得到客观公正的评价。如果他认为自己的能力贡献得不到客观公正的评价，这个企业不公平，他甩手就走，而且现在人才的流动率相对来讲比较高。二是个体的优势能不能得到发挥。现在很多高科技企业招聘人才都在提一个口号：你将会跟哪位行业内顶尖的人物共事。这说明很多80后、90后追求跟名人共事、跟优秀人才共事，跟高手过招。企业要建立共享的知识信息平台，让平台放大个人的能力。

总的来说，留住人才、激励人才是一项系统工程，而不再是简单地靠待遇就能够吸引人才、留住人才。

（三）机制创新：组织变革和人才激活

从建议的角度，未来国有企业如何进行管理变革，首先是要打造具有充分活力和创造力的组织化管理平台。

国有企业现在最大的问题就是组织太复杂，“官本位”现象严重。大概存在以下六个方面的主要问题。

一是组织运行呈现为行政权力导向，而非客户价值导向，存在着官僚主义、形式主义。员工天天琢磨领导在想什么，很少关注客户在想什么。未来的企业一定要打造客户化组织，反对官僚主义、形式主义。

二是组织离客户太远，决策重心过高，程序多、审批环节过多，机构臃肿，信息不畅。未来的国有企业，要“瘦身”，程序要简化，机构要合并，组织要扁平化。现在国有企业的层级太多（有七八个层级），未来网格化、信息对称以后，一个企业有三个层级就够了。层级过多，反应速度就慢，机构就臃肿。

三是现在人太多，人均效能低。国有企业一直在进行“干部能上能下，人员能进能出，待遇能升能降”的改革，其中最难的还是人员能进能出。现在国有企业最大的问题是人均效能偏低，突出的现象是忙闲不均。国有企业家也很累，也很辛苦。但是很多人在“制造工作”，很多人占着位置不作为，人均效率低下。

美的从 17 万人减到 11 万人，销售收入翻了一倍，从 1200 亿元做到 2600 亿元。海尔通过组织扁平化，将 8000 名中层干部充实到生产一线，8000 名中层干部下岗。华为搞简政增效，减了 26000 多人，但不是排除了，而是充实到了生产一线。

四是中层过大，程序过多，组织封闭不开放。未来的企业一定是“平台 + 小前端 + 生态”。国企组织结构最大的问题就是“腰”部太肥，即中层干部太多。未来信息对称了，全部是平台化管理，根本不需要那么多的中层干部。我们提出“生态化的组织变革”，一方面国有企业、民营企业改革将来都要走向生态布局、网状结构、扁平化组织；另一方面未来的企业一定是数据驱动，平台化管理，不再是人盯人、点对点的管理。为什么现在不需要那么多的中层干部？所有的信息对称都是数据驱动，根本不需要那么多的中层干部。你有数据驱动、平台化管理，责任就可以下沉，权力就可以下放。这时候，领导就不是官，就是赋能，企业内部就要按照任务自动协同，每个经营单元未来是独立核算、分布式经营。最后做到共事、共担、共创、共享，这是很多大型企业推进改革很重要的方面。

五是组织强调职能，而没有平台。在组织结构方面，国企的问题是组织结构里面只有职能，没有平台。集团下面的各个单位要么是一盘散沙、各自为政，要么就是集团管控过死。所谓“一管就死，一放就乱”，就是因为没有平台。现在很多优秀的企业除了强大的职能管控体系外，一定要构建支持这些事业群体的平台体系。要放权给各个事业部，让各个事业群体独立去面对市场、面对客户，同时集团要为这些事业部打仗提供各种资源支持。

人们常说国有企业控制得过死，其实民营企业控制得更死。在华为，你要买包纸都是“全球行政统一”，必须通过全球行政服务体系平台购买。华为的全球采购系统、全球物流系统、全球供应链系统，都是平台。

六是人力资源管理不是依据信息和数据，导致该放的没放，该控的没控。华为18万人每天在干什么，人力资源部都知道，不仅是静态数据，所有的业务数据都要回到公司总部。很多国有企业看起来对人才控制得很严格，又是工资总额控制，又是这个、那个控制，恰恰是信息上没控制、业务活动没控制，很多集团都搞不清楚员工到底有多少。而华为18万人每天干什么，业绩怎么样，做得怎么样，今天拜访了哪些客户，怎么拜访的，所有的经验、优秀做法集团都知道，这叫数据上移、权力下放。韩都衣舍完全是个扁平化组织，就没有中层干部，整个集团就是12个部门，面对几百个小组，每个小组独立面对市场、面对客户，内部全部是数据化驱动。

总的来说，国有企业的组织变革要面对未来，要用“五去”“二化”思维。“五去”是去中介、去边界、去戒律、去威权、去中心化；“二化”就是组织走向扁平化、网络化，也就是削减中间层，压平组织。集团变成一个资源配置的平台和赋能组织，各个经营体独立面对市场、面对客户，这样既能有效管控，又能激活。

国有企业目前在人力资源方面的问题很多，比如市场化配置不足、组织程序过多、人才短缺和忙闲不均共存、价值分配缺乏依据、没有客观公正的评价体系、激励形态单一、人力资源跟战略脱节、薪酬水平不具有市场竞争力，等等。**但最核心的问题是：高层核心人才缺乏长期激励安排，基层缺乏持续激励手段，即高的不高、低的不低。要从根本上改变这些问题，主要在于思**

维变革。

我们提出，人力资源管理要从原子思维到量子思维。比如对人性的假设，就不能是“黑白假设”，二元对立，不能非好即坏。其实人的好坏，按照量子理论来讲是“态叠加”的，有缺点的人不一定就不是好人，偶尔犯点儿错误的人并不意味着是一个坏人。

对人的需求也不再是层序性结构，即从物质需求到精神需求是按层次递进的，其实不然。物质需求跟精神需求是并行的，没有高低之分。不是追求物质需求就是低层次的，追求精神需求就是高层次的；不是有精神追求的就不需要物质激励，有物质需求的就没有精神追求。其实，两者始终是并存并行的。同理，组织与人的关系也不全是建立在交易上的雇佣关系，也可以是合作伙伴关系，等等。

未来是一个相互破界融合的时代，要从工业文明的二元对立思维走向互联网时代的开放、破界、融合的思维。总之，面向未来我一直持乐观的态度，只要紧扣时代的脉搏，从思维到行动与时俱进，坚定信心，不断强化自己，中国一定有美好的未来，未来国有企业也一定能够有美好的未来。

（本文由尚艳玲根据彭剑锋教授在陕西省国资委的内部演讲录音整理编辑）

三、组织变化的六大趋势

文/彭剑锋

“人力资源管理工作越来越难做了！”近两年，不少人力资源总监、首席人才官发出这样的感叹。的确，今天的人力资源管理工作更复杂，面临的管理环境更不确定，企业对人力资源管理者的要求也越来越高。现在，人力资源管理越来越渗透进企业战略，进入企业经营层面。这就要求人力资源总监要像企业家一样去思考人的问题；仅从人力资源专业职能层面思考人的问题是不够的，光靠人力资源部门几个专家也难以承担人力资源管理职责。

今天的人事总监要有人才的经营意识，要像企业家一样去思考人才问题，要洞悉未来、洞察人性、洞见趋势。尤其是在一个变革时代，要抬起头看天、看四周、看未来，要从适应企业未来的商业模式、组织模式发展变化趋势的角度，思考人力资源管理的变革发展方向。

那么，未来企业经营与组织变化的趋势是什么？最近，我总结提炼了组织变化的六大趋势，我称之为“新六化”，即战略的生态化、组织的平台化、人才的合伙化、领导的赋能化、运营的数字化、要素的社会化。

人力资源的所有管理变革主要基于这六大组织变化趋势，去适应这个时代的新科技、新制造、新零售、新模式、新动能，包括新产业、新生态的新要求。

人力资源的变革，尤其是组织转型与能力建设是一项系统工程，需要有顶层设计，需要从战略、组织、人、领导力与技术市场、资本等要素进行系统推进，需要从企业家到各级领导团队，再到整个企业的运营体系完成一个系统的转型升级，不是靠一个人力资源部门就能够解决的问题。

组织变化的六大趋势对人力资源管理提出了哪些挑战？应对与解决又该具有怎样的新思维？

（一）生态化战略思维与人才跨界融合

生态化战略思维与人才跨界融合发展的挑战。5G 应用普及以后，互联网将真正进入物联网时代，我把它称为产业互联网时代。产业互联网时代将是一个深度关联、跨界融合、开放协同、利他共生，看上去很乱、无序，但内在有序的生态体系。面向未来，企业必须有生态共生的战略思维，要去思考在整个社会化网络协同体系中怎么定位自己，怎么找到自己的存在价值。

企业的战略选择，就是在整个社会产业网络体系中、社会协同体系中找到你的准确定位，找到你存在的价值，这就是未来企业的战略选择。

未来的企业主要有三类：一是生态圈的构建者，如阿里巴巴、华为、腾讯、小米；二是生态圈的参与者，或者叫被生态者，如小米平台上的生态企业，温氏产业生态中的农场主；三是超生态者，如某些垂直或细分领域里面的一些隐性冠军，凭借它在垂直领域或细分领域中拥有的核心技术与核心能力，可以跟各种生态圈企业去合作、连接，这种企业被称为“超生态”企业。未来的企业都要有生态战略思维，这样才能在新产业生态中找到自身存在的价值。

案例1：小米是一家什么公司

小米成功很重要的一条，就是用互联网思维去做传统产业，使传统企业不传统，并通过构建产业生态体系为消费者提供高性价比的产品与服务。目前，有数百家创业型企业加入小米的生态协同平台，小米为这些生态企业提供从产品设计到用户研究、产品研发、供应链管理、品牌营销、渠道、资本的全方位赋能服务，它所构建的就是一个生态协同平台，提供平台化的生态服务赋能体系。

小米今天已不再是一个手机制造企业，而是围绕消费者需求，为客户提供全方位价值的线上线下高度融合的物联网公司。小米未来的价值在于拥有海量的消费者大数据，通过算力、算法为消费者的个性化需求提供不同的解决方案。按照小米的说法，它是掌控大数据的物联网公司，因为它卖出去的所有产品都能够把消费者的消费数据、消费信息反馈到小米的平台上。小米未来最值钱的是它的大数据，最大的资产是通过物联网平台形成的消费者需求数据。

不管有几百家还是上千家企业，只要是在小米这个平台上所提供的产品，它在风格和品质要求上就是一致的。将来可能会有上千家企业、上万家企业，都能够在小米这个平台上为消费者提供服务。这时候小米的核心能力就是产品设计能力、平台服务能力，它可以是一个没有任何工厂的智能制造体系、一个产品设计公司。

案例 2：百果园只是一家水果销售商吗

百果园刚创业时就是一个传统的水果零售企业，五六年前，百果园的老板余惠勇提出：未来百果园不是一个传统的水果零售商，它是为消费者提供好吃而安全的果品的产业生态管理者。由此，百果园进行了一系列改进和变革措施。

余惠勇认识到：消费者对水果的核心需求是安全、好吃、新鲜，如果百果园只是销售水果，是没有办法保证卖出安全而好吃的水果的。要为消费者提供好吃的水果、安全的水果，必须有产业生态战略思维，要有构建水果产业生态价值链的思维。

要为消费者提供安全、好吃的水果，至少取决于六大产业生态要素：第一，必须有全球基地；第二，优选品种；第三，生态种植；第四，科学采摘；第五，全程冷链；第六，有严格的品质标准。在产业生态战略思维下，从产业生态价值链的角度做水果产业，核心能力就不再是销售，而是要对整个产业价值链六大要素进行整合与有效管理，致力于构建一个产业生态管理体系。

经过几年的努力，百果园已经从一个传统的零售企业转化成为一个产业价值链生态的构建者、赋能者。

百果园所构建的产业生态：一是渠道生态；二是产品生态；三是赋能生态。渠道生态，即将百果园的销售渠道直接渗透到终端，通过线上平台的水果专卖店和线下的百果园店，将水果生态价值链直接延展到消费者，并且能实现线上线下的大数据聚积。产品生态，即围绕产品整合全球的优质水果基地。百果园就培养了100多个“吃手”，到全球去品尝和采购水果。赋能生态，是为合作伙伴赋能。比如一家专业种植杧果的农场，跟百果园合作的好处有三点：第一，它能获得数据，知道消费者集中在哪里、对杧果的需求等，这样它就能直接连接消费者，而不是像过去那样要经历一层一层的渠道商；第二，百果园可以帮它做产品研发；第三，百果园可以为它提供金融服务，将来还能提供专业人才服务、资源服务，等等。

水果由于具有时鲜性等特点，销售企业的规模大多做不大，但百果园这几年做到了100亿元人民币的销售规模，成为全球第一。这要得益于百果园的产业生态转型，通过产业价值链的整合，百果园不再是传统的零售企业的形态，而是产业生态的管理者、产业生态平台的构建者。

小米和百果园的实践就是运用了生态战略思维，这种生态战略思维对人力资源管理提出全新的要求。

第一，人才就必须跨界融合、开放无界。百果园从传统零售商转化成新零售商，转化成一个技术创新者、产业生态的管理者、平台服务者，这时候人才必须跨界组合，人才的知识结构、能力结构必须跨界。

第二，要打造人才生态，构建复合型的领军人才、经营管理人才和工匠人才的人才生态链。过去百果园的核心人才是店长，现在它对人才的要求是既要懂技术又要懂产业，还要懂管理的复合型领军人才、经营管理人才。作为生态平台要为产业链伙伴提供服务，就必须有一类人专注于某一个产品，专注于某一个创新，同时也要求有工匠型人才，能踏踏实实做产品。

第三，人力资源开发要延伸到产业生态的参与者，对生态者现在要进行人力资源的赋能。怎么选择合作伙伴？怎么对合作伙伴进行培训？怎么让合作伙伴认同你的价值观？怎么让合作伙伴愿意接受你这套体系？等等。

第四，生态战略下的企业家与经营管理团队，必须有新领导力。不是过去的二元对立的思维，而是要有生态共生的思维。这时候对企业的领导力，我们叫灰度领导力。要有跨界领导力、开放包容的心态、生态共生的战略思维，还要有自我批判的品格，善于学习、快速学习的能力。

（二）平台化 + 分布式组织模式

与生态化战略思维相适应，未来企业的主流经营模式与组织管理模式，应是平台化 + 分布式模式。平台化既是一种经营模式，也是一种组织管理模式。淘宝网、滴滴打车、小米就是平台化经营模式。像华为、美的、海尔、韩都衣舍，就是平台化的组织运营与平台化的赋能模式，我们称为“平台化赋能与运营模式”。

未来的企业就是两种模式：平台化经营模式、平台化组织管理模式。作为平台化管理模式的典型成功案例，华为已成为具有全球竞争力的世界级企业。华为能赢的道理是什么？

华为赢在两个方面：第一，赢在高强度的技术创新投入。华为每年花费上千亿元做研发，从 1998 年开始到现在，每年研发投入超过 10%，现在达到 15%，中国没有一家企业能像华为那样，真正在技术创新上舍得砸钱。第二，华为赢在组织与人。华为建立了强大的组织平台化资源配置能力、赋能能力与持续奋斗的人才激活机制。许多企业都十分赞同任正非的一句话“让听得见炮声的人去做决策”，都想学华为的“铁三角”，但是忽视了学习华为为一线提供炮火的平台化管理与赋能能力。华为本质上是一个强矩阵组织模式。所谓强矩阵，就是平台化 + 项目式 + 分布式。

华为最厉害的就是系统化、平台化的管理体系：总部的十大管理平台，三大服务体系，为一线作战提供空中支持，提供好的枪支弹药和粮草。

在企业的组织变革中，如何提高集团总部的平台化赋能能力、资源配置能力，这是中国企业在组织变革过程中必须关注的。企业没有平台，没有“炮火”支持系统，是实现不了“让一线去呼唤炮火”的。如果企业没有平台赋能能力，只有管控能力，下属企业或事业部赚钱的时候，就会离你远远的；赔钱的时候，就找集团、总部，所以总部就变成了债务责任单位或抓“特务”的监控机构，就会陷入“一统就死、一放就乱”的管理怪圈中。

美的花了5年的时间，才把各个事业部的公共资源配置能力提升到集团总部，建立了10大平台体系。美的经过这一次改革，国际竞争力、产品竞争力、技术创新能力比以往任何时候都得到了升级。如果没有组织的升级，战略升级就是一句空话，还是一个个体户的集中营，所以我们要学华为和美的的组织平台系统。一些企业家很苦恼，主营业务现在增长乏力，发现了新的发展机遇与新的业务增长点，但新事业与新业务就是发育不出来。

组织平台化+分布式，也对企业的人才发展提出了全新挑战。主要有以下几方面。

一是组织平台化+分布式可能会使人力资源“三支柱”管理模式失灵，KPI可能失效。因为“三支柱”是按照直线职能制体系设计的，它并不是基于平台化+自主经营体。那么，新的管理支柱是什么？在平台化+分布式组织模式下，人力资源部门应如何重新定位？

二是如何构建适合平台化+分布式组织的人才任职资格体系与职业发展通道。通过扁平化组织下的人才职业发展空间与途径。组织扁平化、网状结构化后，中层管理消失了。这些中层管理者同意吗？如果没有职业发展空间，这些人就没有职业成就感。组织平台化+分布式后，以及组织扁平化后，人才可能一步就到了精英层面，不会是“之”字形的发展过程，那么传统的任职资格体系将面临挑战。

三是如何从以岗位为核心转变为以任务为核心、以人为核心。传统的人力资源管理是以岗位为核心，现在则强调以工作任务为核心、以人为核心。为什么今日头条发展很快？今日头条的整个人力资源管理就不是KPI，而是OKR。今日头条的人力资源管理是以人为核心，是以项目运作为核心，以平台化+项目运作制为核心，而不是以岗位为核心，所以它能够集聚一批具有创新精神、企业家精神的人。同时，获得平台支持，流量支持，能够迅速做到足够大的规模。这时候的人力资源管理绝对不是以岗位为核心，一定是以客户需求为核心、以工作任务为核心的赋予式人力资源管理。

四是平台服务与赋能机制下的劳动价值核算。分布式、项目制，会出现大量自主经营体。自主经营体条件下，不是按照战略绩效解码，而是每个团队自己给自己提目标，自己给自己压力，相互之间竞争。如果你不想做大，或者是做不好，那么平台的重要客户资源就不会配置给你；反之，所有的资源都配置给你。这时候，绩效考核绝对不是往下压，绝对不是战略绩效层层分解，它需要新的价值核心体系。

（三）人才事业合伙化

人才合伙机制已经成为一种主流的人力资源激励机制，人力资本跟货币资本的关系不再是资本雇佣劳动、剥削与被剥削关系，而是平等合作伙伴关系。这种发展趋势下，人力资源管理要解决的核心命题是什么？

人力资源管理要解决的核心命题是，如何满足知识型合伙人的需求。知识型合伙人有三大价值诉求：我光拿工资不行，还要分享利润；我光被你管不行，还要参与企业的经营决策；我要有成就感。怎么才能满足知识型合伙人的三大诉求？答案就是让所有人面向市场、客户创造价值，而不是面向老板、内部；让知识分子在市场竞争、相互竞争中激发潜能，创造卓越价值。

为此，我们提出了事业合伙机制32字方针：志同道合、利他取势，共担共创、增量分享，相互赋能、自动协同，价值核算、动态进退。中国很多企业发展到今天，不能再像绿皮火车的动力系统全靠火车头带动，企业靠老板一己之力驱动是不行的。现在就是要通过合伙机制，让每个车厢都有发动机，都有自驱动系统。

永辉超市的发展速度非常快，2018年已经做到600多亿元。永辉超市靠什么？靠事业合伙人制度。永辉超市叫OP合伙人制度，我们称为增量分享制度。合伙人不承担企业风险，但要担当经营责任，根据价值进行多次利益分配，灵活退出，实行晋级制度，通常与法律风险无关，注重团队与个人的价值贡献，注重自身价值、人脉与资源。这就是所谓的OP合伙人制度。

这种模式现在比较受企业欢迎。因为能承担风险的企业家型人才并没有那么多；不能承担经营风险，那就承担经营责任，完成经营目标后实现增量分享，而不是去分老板的存量。

永辉超市所有的员工合伙人基于价值创造来进行分级利润分享，这样就调动了所有人的积极性。比如搬菜工，当他知道搬菜造成的损耗中有他的一分损失，再搬菜时就认真了。

“绝味”小吃连锁店这几年的发展势头超过了同行业的老品牌“周黑鸭”，最重要的原因之一就是轻资产运营模式。它整合了成千上万个夫妻店加盟，每个加盟商进来以后，要进入自治管理委员会，自己定标准，以加强品牌维护，解决利益分配问题，这叫自治。另一个重要原因是，“绝味”没有把钱投在直接建终端店上，而是把10亿元投入到信息化建设上，投入到中央厨房建设和产品创新上。从整个产业价值链掌控核心的产品，保证产品的竞争能力，同时通过信息化，聚合成千上万个合伙人的店。

“绝味”的做法代表了一种趋势。互联网时代一定是通过连接，实现合伙化共创事业。

在事业合伙趋势下，面临的人力资源问题包括，事业合伙人的选拔标准、范围是什么；合伙人如何进退；合伙人机制下的人才怎么成长；合伙人机制的文化管理，怎么实现绩效统一，既让大家认同目标，又有不同的文化价值诉求；等等。

（四）领导赋能化

传统的企业实行金字塔科层制管控模式，组织的运行是以最高领导为单一路径，各级领导的基本职能就是指挥、命令、监督、控制，领导的权威来自单一威权中心的职位程序所赋予的职权，所以职位越高，权力和资源越集中。老板就是“绿皮火车头”。

现在是分布式、多中心制，企业是多中心、多动力的动车与高铁，每节车厢都是老板，都是自主经营体，都自带动力驱动，组织运行的一切都以客户为中心，领导的核心职能是洞察趋势，指明组织前进的方向，创新机制，激活组织的动力。领导不再是高高在上的威权领导，而是复合型领导。

这时候，老板不再是高高在上地坐在办公室指挥命令，而是要深入一线洞察市场与客户，授权一线决策。整个企业也从以老板为中心调动资源转向平台化、多中心、多层次，依据一线需求进行资源调配赋能。

这种运行模式跟传统的领导方式完全不一样，这时候领导一定是使命、愿景、驱动。一个领导如果没有能力，没有个人影响力，光靠职位是不会有影响力的。未来的领导者就必须洞悉人性，不仅是做事，更要搞定人，为他人赋能。

（五）运营数字化

未来的组织要真正实现平台化管理，前提条件就是实现运营数字化。运营数字化的前提，是人才业务活动的数字化。数字化现在已经成为企业的核心战略。企业进行数字化转型，实现运营数字化，从经营市场到经营数据是中国企业未来战略的必然选择。

未来，一个企业的核心能力就是是否掌控海量的数据，要依据海量的数据为消费者提供解决方案的算力。当然，底层是算法和算力，这将成为企业新的核心能力。

数字化运营包括数字化的战略思维与商业模式，数字化的领导力，数字化的组织与人力资源，数字化的运营平台，数字化的客户链接，数字化的人才管理，等等。数字化运营对人力资源管理提出的挑战有：企业的数字化生存能力与人才管理的数字化、业务活动与消费行为的数字化表达如何呈现？基于大数据如何进行人事决策？人才的数字化工作与场景体验，人才发展产品与服务客户化、工作场景体验与互联网多技术综合应用，都是对人才管理提出的新要求。

（六）要素社会化

未来，在产业互联网时代，产业与生产要素日趋社会化。所谓要素社会化，就是企业生产要素社会化，以及产业要素社会化。在产业互联网时代，一切皆可连接，一切皆可交互，一切产业资源与生产要素都可以进行社会化、全球化整合，从而为我所用。

产业的技术创新要素、人才要素、品牌要素、资本要素，将日益社会化。不求人才所有，但求人才所用；不求资本所有，但求资本所用；不求资源所有，但求资源所用。也就是说，人才、资本、资源都要从过去的所有权思维转变为使用权思维。

未来，企业构建的是平台、生态，只有当所有的要素资源到平台上去展示、发挥作用、放大个体价值，才是真正的平台和生态。这对组织和人力资源提出的要求有以下几个方面。

（1）开放合作，要将内在的产业要素社会化，转化为社会化的共享与基础体系。未来，像阿里巴巴、京东这种生态企业，它为社会提供的是基础平台。一是内部的产业要素要社会化，为社会提供基础平台。如京东的物流，未来只有为社会提供基础性的物流平台体系，才有生命力，否则一定会遇到成长的瓶颈。企业内部要素的社会化是一个发展趋势。二是要将社会化要素内部化使用，开放、合作集聚社会资源。有想法的、有思想的，都可以为我所用。就像苹果公司，从0到1的创新都是社会的，都不是苹果自己的；但从1到10、从10到100才是放到苹果的平台上去发展的。因为从0到1的创新一定是靠天才，企业不可能养那么多天才。从0到1的创新是社会化创新，要跟社会化资源进行链接，懂得去选择。把好的0到1的创新，放在我的平台上实现从1到10、10到100，这样企业的创新成本最低，创新最有活力。

（2）人才要素社会化与雇佣关系、劳动关系的重构。优秀的专业型人才，如教师、专家、医生等都应是为社会所用。只有为社会所用，才能实现价值最大化。人才要素社会化之后，企业也将面临全新的管理命题，如员工的归属感与员工的忠诚感怎么衡量；人才激励到底怎么激励；人才社会化以后，如何进行平台化管理；等等。

总之，人力资源管理发展到今天，对企业的首席人才官、人力资源总监提出了全新的挑战。要求他们转变思维，要像企业家一样去洞察客户需求，洞悉人性，洞见未来，要适应未来的战略生态化、组织平台化、人才合伙化、领导赋能化、运营数字化、要素社会化，进行系统的创新和变革。这样人力资源管理才真正上升到战略层面。

（本文根据彭剑锋教授在中国人力资源开发研究会主办的“2019年第七届人本论坛”上的讲话稿整理编辑）

四、华夏基石事业合伙制的32字主张

文/彭剑锋

在多年合伙制公司实践的基础上，结合我们的咨询案例研究，华夏基石提出了中国企业事业合伙制的新价值主张，即企业突破性成长的32字方针：

志同道合，利他取势；
共担共创，增量分享；
相互赋能，自动协同；
价值核算，动态进退。

（一）价值主张产生的背景

事业合伙制新价值主张的提出，源于以下几个方面。

1. 创新和人才驱动发展的战略需求

经过近十年经济增长的结构性转型发展，中国社会经济已切实进入创新驱动、人才驱动的新发展阶段。或言之，进入了品质发展时期，其标志在于从资源驱动切实转变为创新驱动、人才驱动。

创新驱动、人才驱动发展的背后，实质上是创新型人才和创业者。要使大量的创业创新型人才脱颖而出，企业就必须找到一种战略动力机制，鼓励创新创业，使得知识创新者脱颖而出、创业者开拓奋斗。也可以说，在经济社会发展进入新的发展阶段，

企业建立新的竞争优势，谋求突破性成长的关键，在于能否创造一种长期的战略动力机制和激励机制，而事业合伙制正是一种长期的战略动力机制。

事业合伙制对于吸引、激励、培养和保留创新型人才，对激发企业内部的创新创业激情，是最好的一种制度安排。事业合伙制的对象主要是两种人：创新者和具有企业家精神的创业者（准企业家）。事业合伙制不是普惠制，不可能针对企业所有的人员。吴春波老师跟我的观点有些不同，他认为华为那种分层分类的激励才最有效。

激励的确要分层分类地差异化激励，但华夏基石所倡导的事业合伙制是针对企业具有创新精神与创新能力的人，是具有企业家精神的创业者，是一种长期激励机制。

合伙制作为企业针对创新创业者的一种内部战略性动力机制安排，首先要选对合伙人，选对人可能比培养人更重要。企业要辨别真正的创新创业者，首先要具有创新创业的精神，要么是具有创新意识和创新潜能的人，要么就是能去开拓一番事业、独立承担经营责任的人，这两类人其实是最适合合伙制的。产品创新、机制创新都是创新，能从 0 到 1，把产品设计出来，或者从 1 到 100，能够开拓一个市场，独立承担市场经营责任的准企业家，这都是企业事业合伙制要找的人。

从事业合伙制适应创新驱动、人才驱动的角度讲，事业合伙制是中国企业创新驱动、寻找新动能的一种战略选择，是一种战略动力机制。从时代大背景的角度讲，它也是能实现动能转换的大势所趋。

未来，我们所处的时代是互联网时代，是产业生态思维。从战略长度讲，就要走出过去的经验曲线；从战略宽度讲，必须跨界融合；从战略深度讲，必须站在全球化的角度整合人才。这就是我们所讲的生态战略。

事业合伙制是实现生态战略的有效机制。第一，可以全球整合人才，让全球人才为我所用，全球整合创新型人才，具有企业家精神的人才；第二，打破组织边界，按照华夏基石提出的事业合伙制可以有渠道合伙人、产业生态合伙人，所以合伙制不仅仅局限于企业，也是一种打通上下游、破界整合资源的制度安排；第三，有利于产业生态的形成。通过跨界合作，让合伙制连接更多的资源。

互联网的本质就是链接、交互，事业合伙制就是一种基于互联网链接人才资源、链接创新资源的“凝固剂”；通过链接，实现人才聚集、能量交互的“连接器”，通过链接人才来链接生态。

2. 适应组织变革平台化 + 自主经营体的大趋势

事业合伙制也符合现在在产业生态下组织变革的大趋势，即平台化 + 自主经营体的组织模式。

从组织层面讲，现在的趋势是平台化 + 自主经营体的组织，事业合伙制与组织平台化 + 自主经营体的组织变革密切相关。它不仅适合内部的创新创业，也适合外部的链接资源。通过合伙制可能链接更多的创业者、小微企业。

事业合伙制可以在企业内部形成不同形式的人才聚合体围绕共同的目标运行。实际上不仅是分布式经营，人才也是一种分布式的。它不再是以一个人为中心的组织，而是去中心化的分布式、多中心。像海尔的人单合一的自主经营体，温氏的 5.6 万个农场，韩都衣舍的几百个小组组长，每个分布式经营体的责任承担者就是事业合伙人。也就是说，在平台化 + 自主经营体这种组织模式下，平台更多的是赋能，是提供支持、帮助；每个分布式的自主经营体的责任人就是一个合伙人。

事实上，在互联网时代，中国企业已形成了一种趋势，即通过链接人才来链接生态，是通过事业合伙制链接的生态型组织。这种平台化 + 自主经营体平台就是看上去很多东西是散的，实际上它们是密切相关、相依相生的，因为它是多元战略选择、平台化组织、分布式生产，所以需要通过链接更多的企业家和创业者形成生态。

这种生态型组织，典型的如苹果公司，从 0 到 1 的事它几乎不做，而是把那些初创企业、小微企业链接进生态，把它们的创新技术和产品通过平台的放大效应，将它从 1 做到 100、1000。实际上，它就是通过链接创新型的人才构建生态的。国内的怡亚通通过加盟店、温氏通过合伙农场、小米通过品牌和投资，把具有企业家精神的人聚合在一起，真正实现了公司治理的相关利益者共担、共创、共享。

平台化 + 自主经营体的生态型组织通过人才的动力机制，可突破国界、行业、企业的边界，真正实现跨界的链接。人才走向了跨界的链接，通过链接人才来链接生态。

3. 适应数字化时代回归价值，人是核心的趋势

数字经济时代最核心的特征是，强调人是价值创造的主体，更需要调动人的内在潜能，激发人创新创业的激情，真正回归到人本主义、回归到人的价值。

而事业合伙制恰恰是激发人的创新创造潜能，回归人的价值的最重要的体现。因为事业合伙制本质上是一种“智合”，合伙人可参与权利的分享：第一，剩余价值所有权的分享；第二，对企业的经营决策有话语权。海尔搞自主经营体是基于“人是目的不是工具”，人最重要的是有尊严、有成就感，而事业合伙制是真正激发人的价值创造，呼唤创新创业精神，承认人的价值，给人的价值回报的最好方式。事业合伙制通过“智合”与“资合”的链接，让个体融入组织、共同的事业中，在平台上聚合和放大每个个体的价值，也让个体得到充分的尊重、成就感。

以上是从事业合伙制的产生背景，即企业经营的三大核心要素——战略、组织、人在数字化智能化时代所发生的变化的角度

进行的阐述。**所有的变化，无论是战略新思维、组织变革，还是组织与人的关系变化，都是为了快速响应消费者的需求，也就是最底层的变化是需求变了。**无论是战略、组织还是人，企业的一切变化都是要回归对客户需求的理解。在这个时代，需求的内涵也在变化，不仅是需求的满足，还要有引导和超越。苹果手机就是启发了消费者的需求，创造了需求，这就是需求的引导。需求不仅有物质需求，还有精神需求，消费升级的大趋势就是从追求物质幸福走向追求精神幸福。

所有变化的底层原因是需求变了，企业经营围绕消费者在变、人在变，回归到人本。基于这样的大背景，事业合伙制应运而生，事业合伙制是一种真正回归到人本、回归到价值的机制制度。事业合伙制是一个全新的商业文明，是一种新的公司治理，是一种事业成长的内在战略性动力机制，是新的人才动力机制。

（二）内涵解析

华夏基石提出了事业合伙制新价值主张32字方针，下面从实践的角度解读一下它的内涵。

1. 志同道合的“志”与“道”

“志”是共同的抱负，也就是志向，是共同的使命追求、共同的事业追求。道不同不相为谋。要搞事业合伙制首先要找到同道人，选人比培养人更重要。“志”有以下两个层面的含义。

第一，要选富有激情、有理想、有追求、有抱负的人。因为有理想、有追求、有使命感的人能够自驱动、自我管理，能够全身心投入事业。我们所讲的“志”，首先就是指这个合伙人的选择标准，是要有理想、有志向、有追求，能够自驱动的人。

第二，要选理想追求目标相一致的人。

不仅要找有理想、有追求、有自驱力的人，还要找事业追求一致、目标一致的人。因为有的人有理想、有追求，但是跟你的想法可能不一样，所以要选“志同”，即首先是有理想、有追求，然后对未来的目标追求有共识，是同道人。这是讲目标追求的契合度，要有共享的事业目标，对产业、对事业有深度的理解。

既要“志合”，也要“共志”。合伙制是一种自驱动管理机制，有理想、有追求、有抱负、有事业激情的人，就是使命驱动，充满了奋斗激情和奋斗精神。为什么说事业合伙制的组织可能不需要权威型领导？这是因为合格的事业合伙人本来就有自我驱动、自我领导能力。“共志”，即对未来的事业有共同的认知，有共识。如果各有各的价值主张、各有各的追求就没法“志同”。

搞合伙制，志向是第一位的。有共同的理想、共同认知的目标事业追求，这是“志”的含义。在实践层面，“志”是对事业目标的认同，对产业的理解，对企业未来发展趋势的洞见是一致的。大家之所以能碰到一起，是认为这种商业模式没问题，大家才会很兴奋，这是第一个关于“志同”的解读。

“道”也有以下两个层面的含义。

第一个层面：“道”是共享的价值观。大家的价值取向是一样的，能够共同遵守自己的核心价值体系，这就是有共享的价值观，大家的价值观是一致的，价值取向是一致的，可以减少内部交易成本。不仅要有共享的价值观，大家能够达成共识，还需要大家遵守这种价值观，坚守这种价值观。

有了共享的价值观，企业才会有战略定力，才能坚守。事业合伙制不是一种机会主义动力机制，而是长期的动力机制，需要大家有足够的战略耐心，需要合伙人有长期的战略思维，要有战略定力。有共享的价值观、共同坚守的价值观体系，企业的领导团队就会有战略定力，遇到困难、挫折，就会不抛弃、不放弃。

合伙制强调“志同道合”，就是为了避免企业一出现困难、挫折，大家就作鸟兽散。因为大家有共享的价值观，能够坚守，有战略定力，尤其是在一个企业转型变革、突破成长的时期，更需要战略定力。

第二个层面："道"是共同的规则和经营的道德底线。不仅在价值观层面，在制度层面上大家也有共同遵守的规则。事业合伙制是一种新的制度体系、规则体系。所谓"始于信任，守于规则"。一方面，是大家能够遵守规则，认同规则；另一方面，是守住企业经营的底线。

现在为什么会出现那么多的不安全、不环保、不健康的产品？因为很多企业没有经营的道德底线，真正的合伙制企业要有经营底线。事业合伙制之所以适应需求升级、品质消费的时代，就是因为合伙制的企业有共同的规则，能够守住经营的道德底线。

可以说，一家企业如果是合伙制，这家企业就不至于翻船。中国很多企业之所以出问题，就是因为大家不讲规则，守不住经营底线。

华夏基石公司这些年来也不是没有碰到过诱惑，虽然我们是靠咨询服务营收的，但我们坚持选择有价值的客户来合作，即那些守规则、有道德底线的企业。正因为如此，很多客户企业都在与我们的合作中实现了突破性成长，而且在良性健康地发展，这是华夏基石感到骄傲的地方。

华夏基石事业合伙制的价值主张特别强调：事业合伙人既要坚守共同的价值准则、共同的追求，也要坚守共同的道德底线。

事业合伙制事实上形成了一种相互监督的内在机制，就是大家因为共同的志向和价值观走到一起，就一定要坚守初心，要赚良心钱。

此外，合伙制都是优秀人才的聚集，每个人的个性都不一样，而且创新者和创业者都是有欲望的人，人最怕的就是控制不住自己的欲望。**一群有追求、有理想又有能力的人，如果守不住道德底线，就控制不住自己的欲望。所以，合伙制的内在要求就**

是大家必须遵守共同的道德底线。没有共同的道德底线，合伙制企业的能量一旦爆发出来，不是散伙就是企业翻船。

华夏基石所主张的事业合伙制，除了彼此之间有共同坚守的价值观，还要把彼此之间的信任作为基石。这种信任是建立在共享的目标追求、价值观的基础之上的。

本质意义上，事业合伙制的基石就是文化，是文化认同、文化契合。就像我们在华夏基石强调的是快乐奋斗，不希望天天苦着脸的人在这里，你要奋斗但不要很痛苦地奋斗，这就是我们的文化。我们的文化强调个体，强调独立思考，但可能别的咨询公司强调文化统一，强调用老板的思想来统领。文化没有对错之分，只有适合不适合。华夏基石聚集的是一批有共同的价值观和共同的道德底线，但也崇尚个性、不惧竞争，能独立思考和独立经营的人。你适合这种文化就进来，不适合这种文化就退出。

华夏基石事业合伙制强调守住道德底线，我们总结为四句话：守住底线，抵御诱惑，控制欲望，把握节奏。

强调一点："控制欲望，把握节奏"是说要有节奏地释放欲望，而不是说让人消灭欲望。人不可能没欲望，你不能把欲望控制了，合伙人就是有欲望、有冲动、有激情的人，关键是你要有节奏地释放欲望。没有欲望，事业就做不成，要有冲动、有激情，但是到了关键时刻要懂得刹车，一定要有刹车的地方。所以，要掌控节奏。节奏是很重要的，很多人之所以在"弯道超车"的时候翻车，就是因为节奏感没掌握好。企业成长最重要的是节奏，就是吴春波老师说的"不着急，等得及"。现在很多出问题的中国企业，追根究底是因为太着急、等不及导致的。

2. 利他取势的"利他"与"取势"

"利他"首先来自产业生态思维。合伙制的核心就是要为人才提供事业发展的平台。成就有抱负、有理想的人才，这是事业合伙制的第一个"利他"。

“利他”的第一个层次的意思是建立在成就他人的基础上。利他不是简单的让利、取利，或者说是施舍利益。我们认为的“利他”，首先是成就他人。

成就他人，就是成就各相关利益者。第一，成就人才，事业合伙制为人才和事业追求提供广泛的发展舞台；第二，成就客户，要为客户创造价值，实际上是要通过产品与服务实现客户价值，所以要成就客户价值；第三，成就合作伙伴，因为合伙制是实现一种产业生态；第四，成就股东价值，要实现股东价值的最大化，“利他”不是不讲利润，也要实现股东的价值，不过不是唯股东价值、股东价值优先，而是强调股东价值的获得要基于成就相关利益者，稍后获得利益。

“利他”是基于生态的利益思维，基于相关利益者价值平衡的利益思维。当然，它还是一种相互成就。为人才创造价值，为客户创造价值，为股东创造价值，这个基点是不变的。这种价值的创造是建立在成就人才、成就客户、成就股东、成就合作伙伴、形成生态的基础上的。这是密切相关的。

“利他”的第二个层次的意思是赋能。“利他”是一种能量的聚集，这个“利”不仅是利益，不是简单的求利。利益当然是很重要的，我们不否定利益，但是华夏基石事业合伙制主张的“利他”首先是成就他人，成就合作伙伴，创造价值。一定是基于价值创造。创造价值，成就他人，要为相关利益者赋能，为员工赋能。整个组织一定要构建赋能的平台。

“利他”强调平台化赋能，能够使得一线合伙人从平台上呼唤炮火，这是连接事业合伙人的一个链接器。因为每个人借助于组织的赋能可以放大人力资源效能，平台化赋能实际上是人力资源能力的效能放大器。借助于平台的赋能，合伙人的能力就强大了。为什么合伙制本质上不是强调单打独斗？因为它有赋能机制。合伙人在这个平台上能得到赋能，品牌的赋能、能力的赋能、知识的赋能。平台是合伙人能力的助推器、价值的放大器。离开这个平台单打独斗就干不成事，这就是平台化＋合伙制的妙处。

什么叫“取势”？“取势”的核心是能量的聚集，也就是量子力学里面强调的能量聚集，通过数字化、互联网链接，聚集小的力量可以产生大的能量场。在数字化时代、大连接时代、人工智能时代，可以把小能量、个体能量链接到一起，形成大的势能。我们所讲的“取势”，首先是合伙制所追求的核心目标，是要实现巨大能量场，形成巨大的势能。这是一个企业整体竞争能力的源泉。合伙制实际上是提升企业的整体竞争能力，是企业凝聚力的源泉。这就是任正非所讲的“力出一孔，利出一孔”。通过志同道合，解决力出一孔的问题；“利他取势”解决的是利出一孔的问题。大家都是在一个共享的利益平台上，把能量聚集在一起，利出一孔。

“取势”的另一个含义是相互赋能、相互借势，形成多中心的能量场，而不是单一个的能量场。既强调平台化的能量，又强调每个分布式中心的能量的聚集。所以，会形成一个巨大的能量聚集的势能，这就类似核裂变。组织的能量会产生核裂变、核聚变。未来组织的成长，通过“取势”首先实现裂变式的成长，可以有无数个中心。其次，是组织的聚变式成长。乐视、小米都在追求生态“化反”。“取势”首先要产生“化反”，“化反”其实就是通过生态链接，产生裂变效应和聚变效应。

未来的组织成长，通过人才、资源的链接构建生态，实现生物“化反”的裂变和聚变效应。通过组织的裂变和聚变，企业可跃迁式成长、突变性成长，而不是积累性成长和连续性成长。这是不确定时代、数字化时代对企业组织提出的新命题，即适应性。企业要在适应外部快速变化的环境中实现突破式成长，保持关键竞争优势，就是要换一种成长思维。

未来企业的成长思维，关键是“利他取势”，在产业生态中相互成就，相互创造价值，相互赋能。“取势”代表着互相、互动、交互。“取势”的核心是交互，是能量交换，而交互的前提是开放。“利他取势”一定是建立在开放的基础上，在开放的前提下才能实现相互成就、相互赋能，它一定不是单向的能量输出。

对一个组织来说，最重要的不是单向输出，一定要有输入。人一旦被称为“大师”，往往就自带一个“结界”，就只有输出没有输入了。就像一潭水，如果没有活水输入，不再进行能量交换，这潭水就成了死水，就发臭了。

这其实也是禅的思想，禅就反对树立权威，而是提倡“人人皆有佛性”。打破绝对权威，即破观念、破物象、回归人的价值本位，这是禅宗的思想。我们所提倡的“利他取势”文化，其实就是源自中国传统文化的禅宗思想，同时又吸收融合了生态思维。

华为的小熵理论，其实就是一种“取势”。第一，它强调开放，吸收能量，不能封闭；第二，要求打破平衡。“取势”就是要吸收能量，打破平衡，组织要不断地打破平衡。合伙制的核心就是要激发活力，整个组织要做功，要有活力。这就是任正非所讲的小熵理论。

我一直讲的，要坚持与高手为伍、和高手过招，聚集正能量，也是“取势”。

此外，“取势”还意味着企业不要追求短期利益，短期可能让渡了利益，但是获取了长期持续发展的势能，这就是互联网的先让渡客户价值。华夏基石合伙制的价值主张恰好是为互联网经济解决了一个哲学命题，即为什么互联网商业模式往往是先免费的？互联网的免费思维就是先让渡客户价值，取得一定的流量和一定的客户资源以后，再赚钱就是一个自然而然的过程。这里面的“取势”是要取大势舍小利，本质上是舍小利求人才大势、资源大势、市场大势，最终形成整体竞争能力。

值得强调的是，在合伙制的操作层面，“利他取势”其实有一个根本性的前提，就是合伙人团队一定是高能量个体的聚合体。说直白点，就是每个人都有自己独特的价值和核心能力，彼此是旗鼓相当的，否则难以“利他”，也难以“取势”。

3. 共担共创，增量分享

合伙制价值主张最核心的就是要共担风险，如果没有风险共担就不叫合伙人。合伙制在资金层面上就是要买股票，一定要出钱，不是赠予；利润分享的份额要实缴，一定要担风险。因为合伙制就是要选拔具有创新创业的企业家精神的人。企业家精神最核心的是什么？它就是能承担风险。

落实到操作层面，合伙人首先要担风险、扛责任，要有责任担当。合伙制是一个绩效责任体系，合伙人要独立承担经营责任，这是核心。没有风险意识就别当合伙人，当职业经理人就好了。共担风险，除了担眼前的风险，还要抗未来的风险。不能说一遇到风险，大家撒腿就跑。

其次，责任担当。责任担当延伸的意义很多，但最核心的是经营责任。绩效就是最大的经营责任。除了经营责任，一是有遇到困难不绕着走、直面问题的责任担当（最怕的是能共甘不能共苦的合伙人，分享利益可以，一遇到困难和问题就跑）；二是变革创新的责任担当；三是改变自我的责任担当（自我负责）。改变自我的责任担当也很重要，因为人最怕没有自我批判精神。任正非最厉害的就是能自我批判，自我批判最能体现一个人的自信。人有自信就敢于批判自己，不怕别人超越，没自信就怕别人超越。

共担，是指共担风险，共担责任。共担风险就是要能洞见未来，要有风险意识。很多合伙人只看到了机会，没看到风险。共担责任，首要的是共担经营责任，很多合伙制团队最大的矛盾就是有人占据位置不担责任，占着位置不作为。在合伙制的操作层面，要把共担责任细分化，比如是经营责任、解决问题的责任、创新变革的责任、自我完善的责任，还是培养人才带队伍的团队责任，等等。现实中，可根据业务情况、发展阶段进行细分。

共创的核心内涵首先是每个合伙人都是价值创造者，创造价值是合伙人能够在组织中获得尊严、话语权、分享利益的基石。共创实质上是使企业增长，这跟增量分享有关，每个合伙人都要为企业创造额外的价值，带来企业的增量成长。每个合伙人都是独立的价值创造者、贡献者，创造价值是核心。实际上，合伙制产生的前提就是承认知识创新是企业价值创造的主导要素，合伙人得是一个价值创造者，不是价值创造者不能成为合伙人。

共创的另一个内涵是协同创造价值。合伙制除了要发挥每个人的价值创造的能量，把每个人价值创造的能量发挥到极致，还要强调协同产生价值。合伙制产生的思维是生态思维，除了聚合思维、取势思维，共创也是生态思维：共同创造生态价值，共同维护整个价值生态体系。

因此，共创还强调有共同价值创造的平台，强调的是共创一体化，平台是价值创造行动的协调者。我们所讲的共创是要共同创造客户价值、企业价值；围绕价值的创造，大家的行动是一致的，这一点非常重要。整个组织要形成一种竞相激发潜能、创造价值的组织生态。共创也代表互补性的人才团队，首先合伙人是互补性的人才团队，要发挥团队的价值，即团队互补，能量聚集，资源整合，协同一致。

怎么理解增量分享呢？它的核心内涵是合伙制一定要使组织成长以及客户价值与企业利润增长。没有增长就没有合伙制，合伙制一定要带来组织的增长。成长是合伙制的共同目标，如何实现企业的战略成长，如何为企业带来增量、带来价值，是合伙制的核心。价值增量包含四个层面：要带来组织的价值增量，带来成长，带来增长；要为客户带来增量的价值；要为人才带来增量的价值；要为相关利益者带来增量。所以，首先要有成长，要有增量。组织要实现裂变和聚变效应，实现“变道超车”，其核心就是如何实现企业的增量成长。

分享就是分享增量。华夏基石事业合伙制的特色之一就是增量分享，而不是分享存量。换句话说，**合伙制虽然是“利他取势”，但本质就是要实现增量的利润，没有增量利润的增长就没有分享，分享就失去了依据。**合伙制的目标是企业要有盈利能力，本质上是追求利润，要提高企业的盈利能力。合伙人要分享增量的利润，前提是企业必须有持续的盈利能力，否则分享就失去了依据。盈利能力要持续地增长，利润就是价值增量。

增量，一是要实现净资产的增长、资本的增长；二是实现每年分到钱，也就是分红。所谓分享增量，一是分享资产的增量（因为资产的价值在增长）；二是分红。

强调增量的同时也要激活存量，实现存量价值要素的重构，以实现存量资产的增值。另外，还要创造新的利润。这是两条路径：一是在存量资产里面如何激活存量，盘活存量，实现存量资产的价值增值；二是开拓新市场，开发新产品，通过创新寻找新的市场，创造企业新的成长，获取增量。没有增量就没有利润分享。为什么我们说合伙制特别适合指数型成长的组织？这就是因为没有增量就没有分享的基础，而且增量必须是加速的，只有增量加速了才能给大家带来希望，所以事业合伙制特别适合任正非说的“胸怀大志，一无所有”的创业者。

从文化理念和规则体系来讲，华夏基石事业合伙制新价值主张是 16 个字——志同道合，利他取势；共担共创，增量分享。具体到运营层面，就是后面的 16 个字：相互赋能，自动协同；价值核算，动态进退。

4. 相互赋能，自动协同

相互赋能其实跟利他取势是一脉相承的。正是因为它是一种利他取势的文化价值取向，所以到了具体企业的运行层面、操作层面，合伙制就应该要相互赋能。

相互赋能一定要开放破界，这在“取势”里面我们已经谈了。赋能是指在开放式的平台上，平台和人、人和人之间，能力的赋予都不是单向的，而是双向的、交互的。赋能一定意味着开放、破界、交互。通过开放、破界产生交互，通过交互产生势能，产生新的价值。

在运营层面，赋能的具体含义有：一是组织要构建赋能的平台；二是领导就是赋能，领导不再代表威权能力，要去威权化，现在叫愿景型领导、赋能型领导，领导方式也在变；三是员工之间的相互赋能。领导跟被领导之间，将来也是相互赋能的关系。它不是单向的赋能关系，而是双向的赋能关系；不是单向的串联关系，而是并联与串联形成赋能的网状结构。

要强调的是，赋能不是被动地等待被赋能，而是主动地求助，发起合作。在组织中，不是被动地等待别人给你赋能，而是你要主动求助，主动呼唤炮火，平台也要主动地为在前方打仗的人提供支持和服务。我们强调，赋能一定不是被动地被赋能，而是主动地寻求赋能，以及给别人赋能。在合伙制的组织体系里面，一定要有求助的意识，不是孤军作战，不是一个孤岛。我们不强调单打独斗，而是要联合作战。

在合伙制里面，协同产生价值，因为相互赋能、利他取势。平衡计分卡的创始人卡普兰和诺顿写了很多管理工具的书，在写到第四本书的时候写到了如何运用平衡计分卡创造企业合力，即组织协同，协同产生价值。阿里巴巴的曾鸣发表了一篇文章，里面提到未来商业文明的DNA有两个螺旋：一个是网络协同，另一个是数据智能。什么叫未来企业的战略？它就是在社会化网络协同体系里面找到企业的定位。未来的战略是在社会化高度协同体系之中，找准企业的战略定位。而推行事业合伙制，就是推行企业战略、生态战略落地的一个重要方法手段，因为合伙制的核心内涵就是协同。

在操作层面，"协同"有三个关键点要把握：一是主动创造、自动协同，不主张创造价值，不可以产生协同；二是平行协同，不是威权协同，不是上级的指挥命令；三是点、线、面的系统协同，系统协同不是线性的，而是网状的。另外，系统协同需要精确地控制，没有神经中枢，就构不成系统，系统就崩溃了。关于如何构建网络系统、如何在系统中协同是另一个大命题，以后再具体研讨。

在高度社会化协同体系中，未来社会就是一个协同社会，协同产生价值，那么所谓的企业的战略定位，就是要去思考在这个协同系统中企业能干什么，能贡献什么样的价值，就决定企业在协同网络、产业生态链中处于什么位置。

事业合伙人团队是一个协同组织，也是一个高能量个体的集合体。如果你不是高能量个体，或者说你在团队中、事业中贡献不了高价值，你就不可能成为合伙人。**这也是"自动协同"的前提，即合伙人一定是旗鼓相当的，一定是都有各自的核心能力和价值的，否则能量输出就不对等，就没有办法协同。**

自动协同、相互赋能都有一个基础，你是有能力的、有价值的，才能进入合伙人团队。在合伙人团队里没有办法搭便车、混日子，一旦你在协同体系里不能贡献与团队整体相匹配的能力和价值，就要自动退出。

个体是这样，企业也是如此。在未来的社会化网络协同体系和产业生态中，一旦企业不能贡献与系统相匹配的能力和价值，就等于自行退出产业生态了。未来的协同，从产业生态的角度来讲，一是要强调跨产业协同的思维、跨行业协同的思维、跨团队跨职能的协同思维；二是强调自动协同、平行协同、系统协同；三是强调你的协同价值来源于你有多大的能力、能够提供什么价值、能够创造什么价值。未来企业的战略定位核心就在于你在社会化协同体系中的价值定位；能产生多少协同价值，就有什么样的位置。

这就是相互赋能、自动协同。这里之所以讲自动协同而不是社会协同、系统协同，更多的是针对合伙人团队、组织内部讲的。如果从企业组织层面讲协同，就要强调系统协同、社会协同。

5. 价值核算，动态进退

价值核算，动态进退是具体的制度、方法。比较好理解。

为什么要强调价值核算？因为合伙机制强调要基于你为组织创造了多大的价值。合伙机制是创新创业机制。创新创业机制一定要独立核算你为组织所创造的价值。价值创造是增量分享的前提，要分享价值就必然要先衡量你为组织创造了多少价值。所以，要建立基于数据和事实的价值核算体系，要独立核算，自主经营。

合伙制的核心就是独立核算，自主经营，独立承担经营责任。要独立承担经营责任的前提就是建立核算体系，没有核算体系就没法衡量每个人的价值创造，没法做到增量分享、公平公正。华为的人力资源管理的核心就是价值管理循环；价值管理循环的核心就是价值评价、价值核算。合伙制是建立在增量分享的基础之上，分享不是平均主义，所以包含了价值评价、价值核算、价值分配。它是一个完整的价值管理循环。

整个价值管理的核心其实就是核算、评价。合伙制要重构一套价值管理体系；重构一套价值创造、价值评价、价值分配体系。这里面的核心就是价值核算。没有价值核算就没法实现价值管理的有效循环。

价值核算包括绩效的价值核算、岗位与价值观的评估、经济效应的核算等，实践中可以量化为具体的指标。需要强调的是，价值核算要做到客观公正，一定是数字驱动，用数字说话，用事实说话，用你的贡献说话，更强调贡献导向、结果导向。

动态进退讲的是整个合伙机制不可能是固化、僵化的体系，它一定是动态的、有活力的。动态进退的关键点是：第一，不断引入新的合伙人，要开放，它不是封闭式的体系；第二，当你没有持续贡献的时候，要有退出机制，只有实现“动态进退”，才能使得整个合伙机制充满生命力，充分保证价值创造的活力。这与任正非的小熵理论相符，就是组织永远要保持熵减，要实现合伙人团队的熵减就必须动态进退。

第一，一定要建立动态进退的标准。

第二，要有动态进退的流程和合法程序。中国很多企业的团队矛盾就是进退程序不合法。合伙人的进退程序必须合法。

第三，要有退出保障。要保障退出者的基本权益，要有合理的出路安排，要充分协商。不是直接把人“干掉”，否则大家就都没有安全感了。

在动态进退中，设立分层退出机制比较关键。比如阿里巴巴的合伙人团队，只有蔡崇信和马云是终身合伙人，可以永远不退出；还有荣誉合伙人，就是他退出团队了但可以进入荣誉堂，有荣誉奖金保障。阿里巴巴的这个实践很有案例解析意义，里面的一些设计很有借鉴意义，我们可以作为一个案例在这里点评，比如蔡崇信和马云作为终身合伙人，他们是不拿奖金的，只分享利润。

动态进退作为一个机制，要有一套标准、程序来评价和保障进退，而不是简单地进来或退出。

（本文由尚艳玲根据彭剑锋教授的讲话录音整理编辑）

五、人才效能提升的六大机制创新

文/孙　波

当我们思考人力资源问题时，用什么样的方式思考很重要。如果一提到人力资源，只能想到招聘、绩效、选用育留，甚至是更具体的考核指标，就会陷入技术性的陷阱，很多问题可能就是“无解”。但是如果你能跳出问题本身，站到某一个高度去思考它，可能会发现这个“无解”的问题根本就不构成问题。所谓视野决定思路，思路决定方法，方法决定出路。

这是我们思考时代背景下的组织与人才管理新机制的重要前提，即从什么样的角度去思考问题可能比答案更重要。

（一）不确定性时代把握人力资源管理的关键变化

这个时代有两组关键词：质变与不确定，数字经济。虽然2020年开年便是满天的“黑天鹅”，一场新冠肺炎疫情席卷世界。但质变与不确定并不是今年才出现的。如果一定要找个时间节点，我认为从2008年金融危机开始，不确定性就成为这个时代的主题词之一。

（二）中等收入陷阱下的效率管理挑战

不确定性来自很多方面。从中国企业经营发展的角度看，不确定性主要来自两个方面：一是来自国家宏观层面，即发展模式的问题；二是来自中等收入陷阱。发展模式的问题这些年讨论很多，此处不做赘述。

对于中国来说，现在更关键的是进入中等收入陷阱阶段。中等收入陷阱本身是一个统计指标的概念。世界银行于2012年重新制定的标准是：人均国民收入在1035美元以下是低收入国家；1036～12616美元是中等收入国家，中等收入国家又以4086美元为界分为中低收入国家和中高收入国家；12616美元以上是高收入国家。按照这个标准，我国自2012年以后就已经进入中高收入国家的发展阶段。为什么国际上很重视“中等收入”这个概念？因为近代史上的“拉美旋涡”“东亚危机”“北非危机”等，都发生在该地区的中等收入阶段。

20世纪60年代，世界上有113个国家和地区达到了当时中等收入的水平，但是到20世纪80年代末，实现跨越的国家和地区不超过13个。也就是说，大部分国家在中等收入阶段没有实现跨越。为什么？因为一系列问题往往在这个阶段集中爆发，所以才称为“中等收入陷阱”。能不能跨越过去，决定了一个国家能否实现可持续发展。

而我们现在面对的最大的不确定性就来自如何跨越中等收入陷阱。这个阶段，双重风险并存：一是供给方面；二是需求方面。这就会带来企业发展的背景变化。

从供给方面看，是全方位的成本上升，如劳动力成本、资源成本、环境成本等等，更大的成本来自技术创新。成本上升，这几年企业有切肤之痛。珠江三角洲、长江三角洲这些产业比较集中的地方，尤其是劳动力密集型、毛利率本就不高的企业不堪重负。但是，劳动力成本上升的长期趋势并没有达到某种“节点”，简单地说，就是还有可能持续上升。不仅仅是劳动力成本，还包括资源成本、环境成本等等，更重要的是基础研发投入的成本大幅上升。

从需求方面看，投资、消费双疲软。一是投资疲软。很多做投资的企业，像博傻一样投项目。为什么？因为好的项目太少。什么叫好的项目？就是不是落后产能，不是简单的产能扩大，而是有自主研发、自主创新能力的项目。这样的“好项目”的缺乏必然带来投资疲软。

二是消费疲软。改革开放40多年，财富有了相当规模的积累，为什么会出现消费疲软呢？其实消费能力的提高有一个很重要的前提是收入分配是否合理。它包括三个层次：宏观、中观、微观收入是否合理。而我们在三个分配层次上都存在不合理之处。

需求疲软带来供给和需求两个方面的问题叠加，既没有办法通过价格上升，用价格来消化成本；又没有办法用通缩的方式刺激需求。这是当前比较棘手的问题。

很多企业在这种情况下选择全球布局，转移到劳动力价格相对较低的东南亚、非洲地区。但是，劳动力价格并不等于劳动力成本，真正要比较的是单位劳动力成本，其基本公式如下：

单位劳动力成本 = 平均劳动报酬 ÷ 劳动生产率

很多企业转移到越南以后，劳动力报酬是低了，但是劳动力生产率也降低了，所以单位劳动成本并没有改善，甚至于在相当长一段时间还是下降的，所以它的竞争力还是有问题的。

而我们要参与国际竞争，唯一的指标是单位劳动力成本领先。**这对人力资源提出的挑战就是：既要面对劳动力报酬上升的压力，同时单位劳动力成本还要领先，劳动产出必须大于劳动报酬的增速。**人力资源管理面临的第一个挑战就是效率管理，用人力资源效能提升化解成本风险。

（三）数字经济带来的人的变化

数字化时代是人和技术共同进化的一个时代，就是把互联网技术综合运用并普惠到生产消费的各个环节，使得实体经济和虚拟经济高度融合。数字化不仅仅是一种技术革命，更重要的是一种思维方式，是一个认知的革命。

数字化与智能化对企业经营管理的影响，体现在经营管理的

三个基本命题——战略、组织、人才，其中最大的特点就是基于数字化重构人与组织的关系、重构组织能力。如图 1－1 所示。

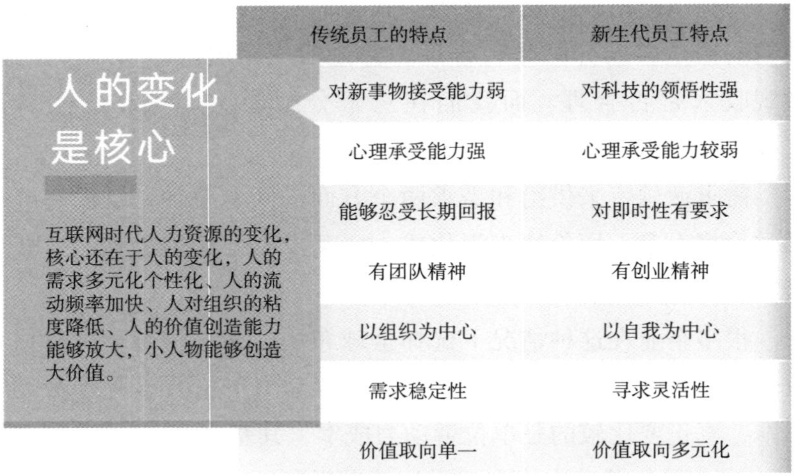

图 1－1　数字经济带来的人的变化

基于数字化重构人与组织的关系，最关键的是要把握人的变化。以 90 后为主体的新生代员工与上几个代际的员工相比，的确表现出很多不一样的特点。过去，人在企业里通过职位晋升来获得职业发展，企业要求员工忠诚于组织，企业也为忠诚的员工提供专业成长机会。忠诚度长期以来是被鼓励的，很多公司的薪酬里会有年终奖。但今天的专业人员并不热衷于对某个企业忠诚，而是忠诚于他的专业。他的职业发展规划是通过专业上的成长和精进，不断提升自己的价值、积累专业资源等。在这种情况下，人和组织的关系就发生了变化，人与组织的黏度在降低。

新生代员工呈现出的这些特点，甚至对传统的人力资源管理理论都提出了挑战。这种挑战表现在方方面面，比如物质激励为主的正向、负向激励显然已经不能适用于新生代员工；新生代员工还需要被看见、被关注到。如果你不能满足这种需求，还用过去的方式管理，管理就会失效。所以，今天我们面临的就是人的变化带来人与组织关系的重构、管理重构。

（四）人是目的，人力资源管理发展的新阶段

这个时代背后的关键变化是人的变化，而人的变化带来人与组织关系的变化。它来自不同时代人力资源管理理念的变迁。

从人与组织关系发展的角度出发，可以把人力资源大致划分为以下四个阶段。

第一个阶段是“人是工具”。人被简单地视为“力”的输出者，尤其表现在农业社会时期和工业化早期，第一生产要素不是人力资源，是土地、资本，所以人力资源仅仅被视为与工具同等地位的普通生产要素。

第二个阶段是“人岗匹配”。简单理解就是让合适的人干合适的事情。这个阶段的特点是初步认识到人力资源的独特性和差异性，但是仍然是以“事”为前提，也就是人的独特性和差异性是依附于“事”，并由“事”来决定其价值。

第三个阶段是“人事互动”。不仅仅是人去满足一个事情，而是充分认识到“人”身上所蕴含的知识、技能等的独特价值。通过人和事之间的有效配置，既实现事物的发展，也可以带动人本身的发展。这时候，人和事的评价分开了，既看人又看事，既看事的价值还要看人的价值。

第四个阶段是“人是目的”的提出。这个理念其实提出来得很早，是100多年前由哲学家康德提出来的。他说：“人是一切事物的最根本的目的。”但在企业中的应用则是在互联网被普遍应用后。旗帜鲜明地提出来这个理念的是海尔的张瑞敏。

张瑞敏曾清晰地诠释过海尔的“人是目的”观：“把人的需求满足了，给人最好的待遇，其实这不是人是目的的含义。因为这和企业的目的相背离，企业的目的是创造用户价值的最大化。海尔以人为本的管理创新就是让每个人有自创性，你通过满足客

户的需求来实现你的价值。组织作为一个平台来支撑你实现这个价值，并且跟你分享价值。这是企业经营的根本，所以企业的经营根本是以人是目的为核心的。”如图 1－2 所示。

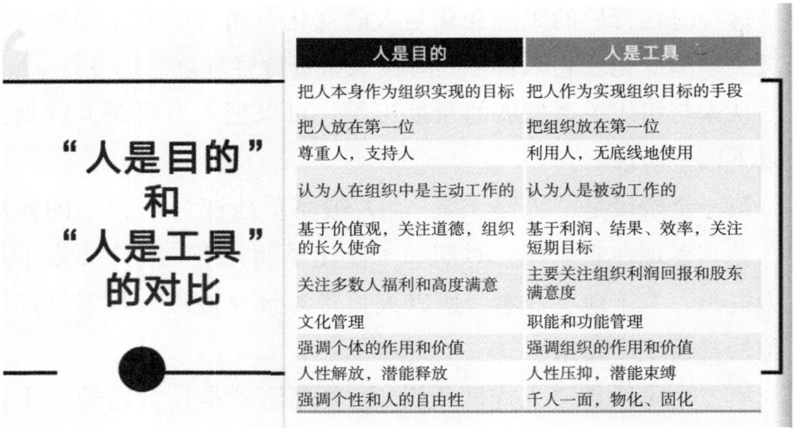
“人是目的”和“人是工具”的对比

人是目的	人是工具
把人本身作为组织实现的目标	把人作为实现组织目标的手段
把人放在第一位	把组织放在第一位
尊重人，支持人	利用人，无底线地使用
认为人在组织中是主动工作的	认为人是被动工作的
基于价值观，关注道德，组织的长久使命	基于利润、结果、效率，关注短期目标
关注多数人福利和高度满意	主要关注组织利润回报和股东满意度
文化管理	职能和功能管理
强调个体的作用和价值	强调组织的作用和价值
人性解放，潜能释放	人性压抑，潜能束缚
强调个性和人的自由性	千人一面，物化、固化

图 1－2　海尔的“人是目的”观

人是目的，是把人本身作为组织实现的目标；人是工具，则人是依附于组织的。这是人与组织关系上的一个根本性的变化。由此，人与组织的关系就有了新面貌、新特点，人力资源的发展阶段也进入第四阶段，即“人是目的”的阶段。

按照海尔“人是目的”观，组织不再有传统的员工的概念，只有在组织平台创造价值的人；不再有企业和部门的概念，只有支持价值创造者创造价值的相互协作网；不再有层级之分，只有面向用户价值创造不同的角色和功能；不再有内外之分，有的是社会化的人力资源生态和创造价值的协同生态圈；组织成为价值创造者的承载体，不再有无效劳动，因为无价值不存在，找不到价值创造方式不存在，没有价值创造的持续增值不存在。

小结：迈入中等收入国家行列，在数字经济时代，人力资源管理面临的最大挑战是效率管理和人的变化。人的变化是根本性

的变化，它带来了人和组织关系的重构，带来了人力资源管理的重构，其核心内容是对价值的重新定义与匹配，包括组织价值、用户价值、社会价值和个体价值。

（五）以人才效能为核心的机制创新

回到开篇所说的，企业人力资源如何应对这个时代带来的管理难题：效率管理与成本上升压力。对企业来说，化解矛盾最着手可行的是提高效能，以提升效能为核心、为抓手化解压力。

效能命题是这几年我们团队研究的重点，结合在几十家企业的咨询实践，我们构建了一个基础模型。如图 1－3 所示。

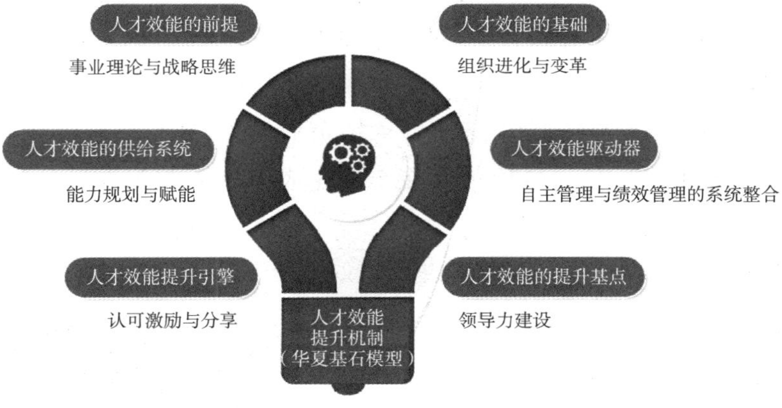

图 1－3　华夏基石模型

1. 人才效能提升的前提是事业理论与战略思维

如果企业的事业理论和战略思维本身没有突破，个体的效能如何提高都不能将价值放大。

一个组织的核心命题首先是战略。记得我在华为工作期间，多次听到任正非先生对华为战略的表述："就是活下去。活下去之后呢？就是长期活下去。如果有终极战略，就是比竞争对手更长地活下去。"

听起来好像不怎么“高大上”，但任正非先生其实回答了一个组织经营的根本问题，即可持续发展的问题。**对可持续发展问题的回答，本质上是构建组织的事业理论的过程，也就是德鲁克关于组织的经典三问：我们的事业如何才有前途？我们的工作如何高效率？员工怎样才能有所成就？回答清楚这组基本假设就意味着完成了组织的顶层设计。**

我们的事业究竟是什么？以使命、愿景、战略的方式表示出来，回答的是我们的企业是不是有前途的问题；组织要承接事业目标，就要通过组织架构、治理结构、管控流程、制度流程提高效率；组织要支撑事业目标实现，需要有催化剂，需要驱动系统，驱动系统就是人。怎样使人感觉到有成就感，愿意做这件事情，驱动这个组织完成事业愿景。这一系列的思考就叫作经营假设，对这一系列问题的回答就构成了企业的事业理论。

事业理论既是顶层设计，又是企业行为方式的底层逻辑。《华为基本法》最大的价值就在于它完成了企业的顶层设计，在华为转型发展过程中指明了方向，统一了大家的思想。如图 1－4 所示。

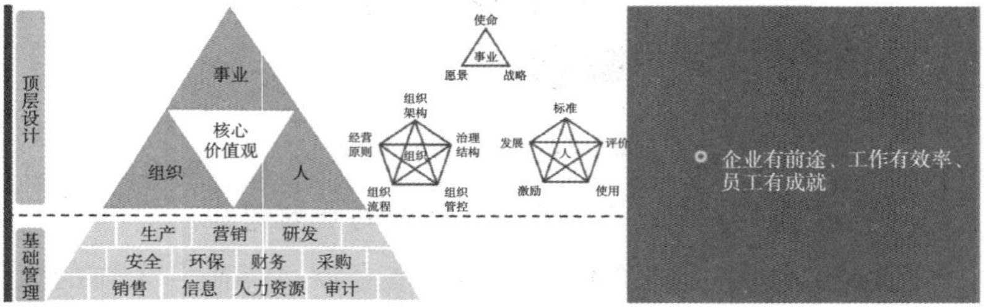

图 1－4　基于经营假设构建事业理论

2. 人才效能提升的基础是组织进化与变革

与未来的生态化战略相适应，组织一定会走向扁平化、网络化、客户化的有机结构，而不是今天的金字塔结构。

无论是海尔的管理模式还是华为的管理模式，直观的感受可能是组织形态差异巨大，但其本质都是逐渐在向平台化 + 分布式组织进化。平台化 + 分布式是传统组织“去中介、去威权、去中心化”以后的一种主流的组织模式，只不过不同企业在展现形式上有所差异。组织的进化是人才效能提升的重要基础。

华为的组织进化和人才管理机制有两个突出特征（成功之处）：第一个特征是围绕人的价值持续激活人的价值创造和奋斗精神。早年间任正非在一次内部讲话中曾问大家：如果华为要卖，你们认为我们什么最值钱？大家就说华为的品牌、华为的技术、华为的人才等。任正非说都不对，我们就两个值钱，第一个是围绕人的价值实现持续激活人的价值创造的机制（华为人力资源价值管理体系），第二个是围绕客户价值实现的组织变革和组织能力建设机制。

第二个特征就是华为的“赋能平台 + 铁三角”的组织方式。“铁三角”并不是代表只有三个人，而是代表围绕客户价值实现、快速响应客户需求的灵活作战单元。由前端提出诉求，所谓“让听得见炮火的人来呼唤炮火”，后台来提供支持。这种组织变革的进化模式，根本目的是使人才效能得到放大和提升。

3. 人力资源效能供给：组织能力规划与员工赋能管理

过去一谈人力资源管理，首先是职位、部门的概念，而构建能力体系首先要做的事情是打破部门和职位的概念。在实践中怎么实施？我们把具有能力要求相似性、职责相似性的岗位归纳在一起，构成一个一个的类别，称为“职种”或者“职类”，这些不同类别就构成了不同的能力成长通道。

每个类别都有一个职业发展通道，每个级别都有相应的评价标准。通过标准不断地牵引员工提升，就构建了基于能力的人力资源管理基础。如图 1－5、图 1－6 所示。

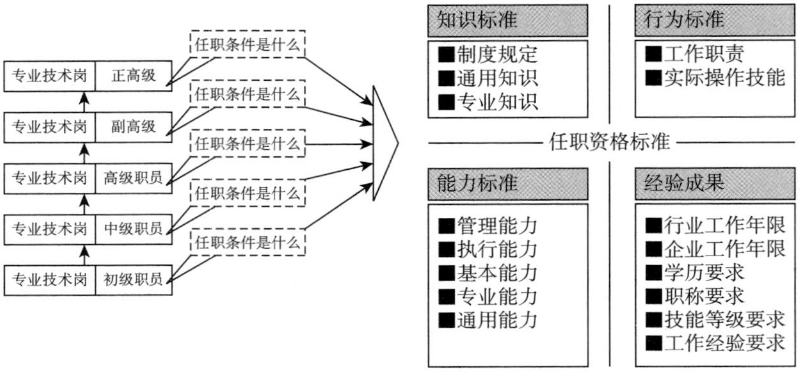

图1－5　任职资格标准的基本内容

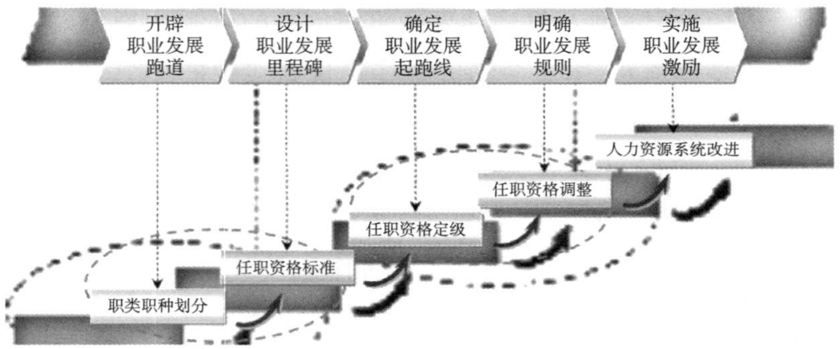

●任职资源管理体系的运行机制如图。

●建立任职资格管理体系是建立企业基于能力的人力资源管理机制的切入点，是实现员工职业发展、建立核心人才梯队、提升员工职业化水平、强化知识型员工管理的有效解决方案。

图1－6　任职资格管理体系的运行机制

4. 人力资源效能驱动器：自主管理与绩效管理的系统整合

技术的不断突破和社会需求基准的不断提高，推动着组织形态的演变，最终会带来人和组织关系的重构；而人与组织关系的重构会使人力资源管理从过去的基于职位的职能管理向价值管理转移。绩效管理就是典型的例子。

首先，过去的绩效管理是有一个岗位，基于员工在岗位的履职状况进行绩效评价。现在，岗位越来越动态化，甚至于岗位已经被角色替代，基于岗位的履职状况和绩效评价还有什么意义？这就是今天绩效管理所遇到的一个巨大的问题。

其次，人力资源管理从职能管理转向基于价值管理，对员工的要求发生很多变化，强调员工主动突破组织边界，通过增加与外界的互动，主动捕捉客户的需求，并通过满足客户需求以实现价值创造。

在这种要求下，很多传统绩效管理做得非常严格的企业也遇到了新挑战。比如很多员工表现出这样的行为——绩效里规定的就干，不算绩效的就不干。而我们今天要求员工更多的是要跟客户主动接触，更多地去捕捉机会，发生更多的主观能动行为。可这种主动工作很难都预先设计和计算到绩效考核里，怎么办？这也是绩效管理所遇到的问题。

所以，管理的一种发展趋势是，员工效能与员工自我管理、自我驱动的关系越来越紧密，我们可以观察到业界的很多尝试都是在响应这种诉求和变化。以下两种实践较为突出。

第一，自主管理和绩效管理相结合，也就是 OKR 的概念，强调自我价值驱动、自我定位。OKR 的基本理念是：组织基于大概的方向，确定一个总目标；每一个团队、每一个个体基于对总目标的理解提出自己的目标贡献。当然，它有一套评价标准，如打分是 0 ~ 1 分，那么得分在 0.6 ~ 0.7 相对合适。也就是说，OKR 的计量标准不一定是要员工百分之百地完成绩效指标，而是关注你如何做到对目标实现更有贡献度。本质上是评价员工对目标实现的影响，而不是必须完成的指标值。

OKR 与 KPI 的根本差别就是变他律为自律，通过调动员工的自主性，让员工参与自我管理的过程。如图 1－7、图 1－8 所示。

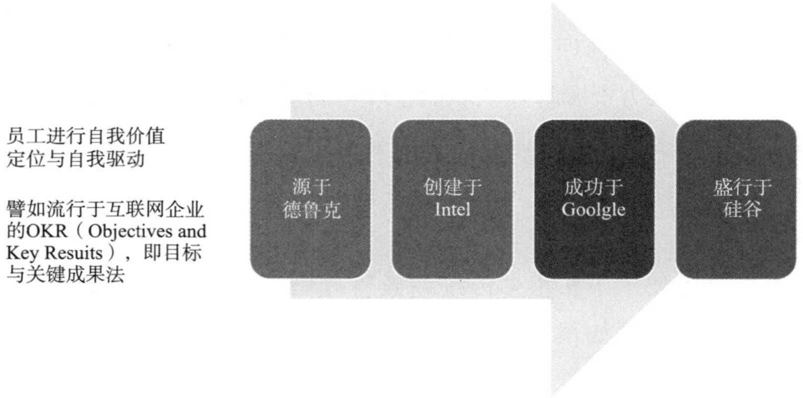

图 1－7　员工进行自我价值定位与自我驱动

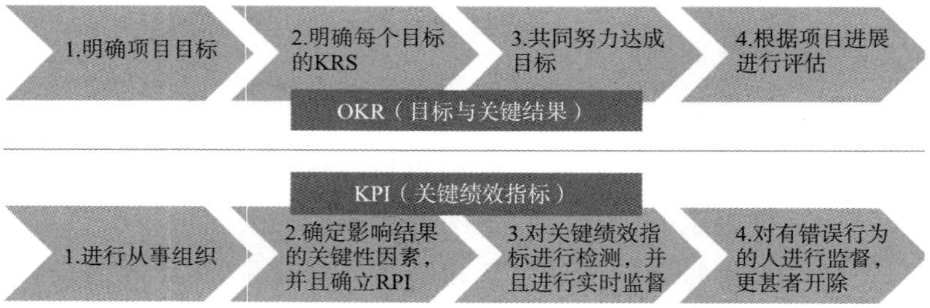

图 1－8　OKR 与 KPI 流程对比

第二，绩效管理向前延伸。代表性案例是阿里巴巴的价值观管理、华为的劳动态度考核等。通过把绩效管理向前延伸，通过考核价值观实现选拔、引导和调动员工实现组织期望的绩效。如图 1－9 所示。

5. 人才效能提升的基点：领导力建设

人才效能很大程度上来自管理者的领导力，通过领导力的建设也能有效实现组织人才效能的提升和释放。

领导力建设要解决三个问题：一是使命的问题，企业家和高管的使命追求与事业激情是企业从优秀走向卓越的一个动力源泉；二是责任，责任是大于能力的，责任成就卓越，企业家和高管是责任担当的表率，企业真正的威胁来自责任的缺失；三是能力，能力是使命与责任担当的基石。如图 1－10 所示。

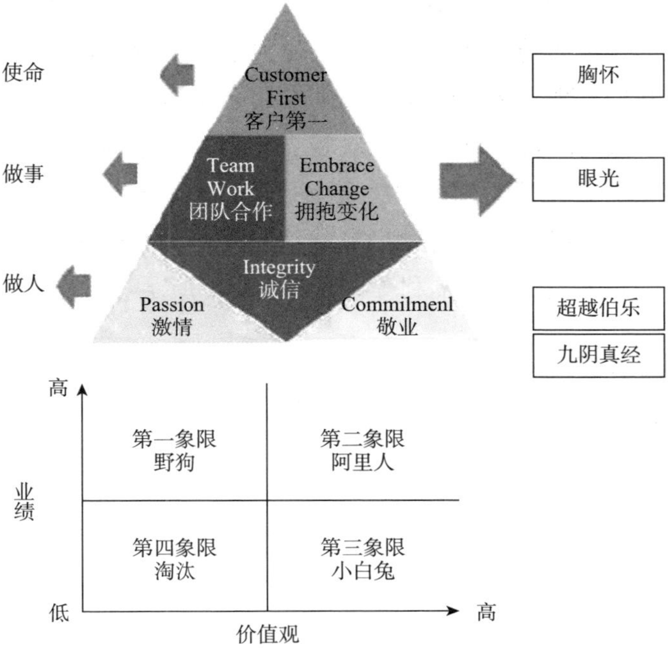

图 1－9　阿里巴巴的价值观考核

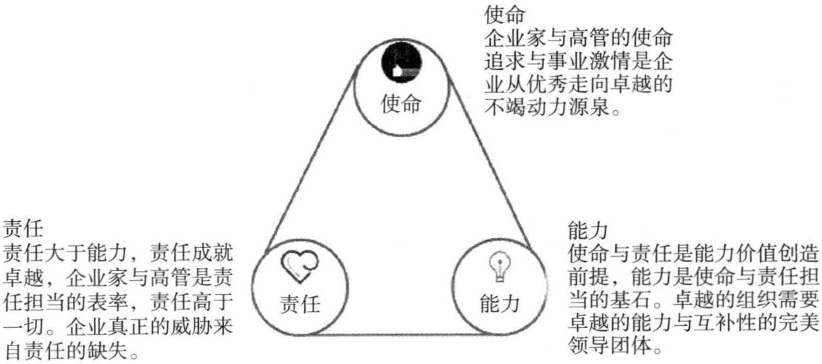

图 1－10　领导力建设要解决的三个问题

华为一直致力于干部管理体系化建设，形成了干部管理的华为经验，整个干部管理体系相对完善，对干部的管理从使命与责任细化到选拔与配置、适用与管理、队伍的建设等。

6. 人才效能提升的引擎：激励与人才事业合伙机制

全面认可激励。基于组织与人的关系的转变和新生代员工的特点，我们发现，单纯的薪酬激励作用越来越小，企业必须进入全面认可激励时代。全面认可激励的范围至少包括六个方面：激励绩效提升、激励标杆行为、激励组织公民行为、激励员工忠诚、激励员工成长、激励客户忠诚。方式方法有很多，目前比较热门的是积分制、自助福利等。如图 1 – 11 所示。

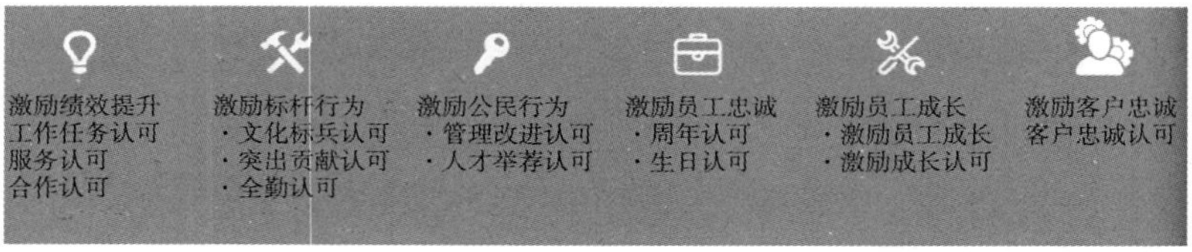

图 1 – 11　全面认可激励时代

分享和参与机制。知识型员工对企业的诉求不再仅仅是谋一份工资，他还希望作为人力资本获得剩余价值的索取权以及经营管理的参与权。这是目前股权激励和人才事业合伙制引起企业重视的一个背景。事业合伙机制是一种战略动力机制，是一种企业成长和人才发展机制，企业战略创新（平台 + 生态战略）、公司治理结构优化（股东价值与相关利益者价值最大化，共治共决）、组织与人的关系重构（雇佣关系与合作伙伴关系）的系统工程，是一种新人才生态。华夏基石提出人才事业合伙机制的 32 字价值主张：志同道合，利他取势；共担共创，增量分享；相互赋能，自动协同；价值核算，动态进退。

总结：从人力资源管理的视角，我们所处的时代的确发生了巨大的变化，变化的核心在于人与组织的关系发生了变化，所以我们必须重构管理范式。从基于职位的人力资源管理、基于能力的人力资源管理，进化到基于价值创造与评价的人力资本管理，必须对价值进行评价，基于价值进行分配。人力资源效能成为其

中的核心问题。效能提升不仅仅是把个体激励起来，而是要通过事业理论的重新构建、组织形态的进化等六大机制创新来实现。

六、人力资源真正要变的是管理范式

文/孙　波

在创新和价值驱动越来越成为时代主旋律时，很多企业都在积极探索人力资源机制创新和管理改进，咨询机构也在积极地推广和构建一些新的方法和机制。但在这几年推进管理变革的过程中，发现一个现象越来越突出，那就是我们的理念、概念是符合这个时代的，甚至是基于未来的，可落实到操作层面往往还是“旧时代”的。

企业要构建转型变革的生态战略，提出的一些新理念、新概念都很好，如人力资源管理要从职能化走向战略化、要从管控走向赋能；可一旦落实到措施上，人力资源就又回到了职能化和管控上去了：人才选用育留怎么做，任职资格怎么搞，薪酬绩效怎么做，等等。比如我们提出“跨越组织边界打造人才供应链”的想法时，企业依然会纠结于究竟怎样才能招到人，招进来后怎么管理、怎么使用。这样思考时，其实所谓的变革就只是一些提法上的、指标上的差异，实质上并没有发生什么变化。

这就像本来准备要走出一条新路，绕了一圈发现又回到老路上了。为什么会这样？我有一个还不算成熟的发现或者说是判断。第一，**人力资源管理变革是一个系统性变化，而不是某一个“单点”上的改变。**如果企业只是基于某一个单点问题进行优化改进，并不是对整个人力资源管理系统转变的有效回应，就会面临局部和整体（体系）之间的不适应，甚至是相互冲突。第二，人力资源系统性变革要依赖于对底层认知的突破，即突破对人力资源管理的假设系统，以及基于假设系统的管理范式的认知。

换句话说，我们要重新认识人力资源的管理基点；从基点出发，构建真正能回应这个时代的系统性变革思路。

（一）管理范式基于假设系统

1. 什么是范式

人力资源的底层认识，是一个起决定性作用的范式。所谓范式，即一个共同体成员所共享的信仰、价值、技术等，是常规科学所赖以运作的理论基础和实践规范，或者是某一个科学研究者群体所遵守的世界观和行为方式。

在自然科学领域，我们对范式的理解是以公认的定律或者公认的理论方式呈现，并且在相当长的时间里不会发生变化，它决定了我们思考的根本。为什么没有人会质疑“牛顿力学三定律”、没有人试图挑战能量守恒原理？因为这是人们思考力学问题的一个基本范式。人们只能在范式的基础上展开思考。

在社会学领域，范式是以基本假设的方式呈现的。这个基本假设即价值观。它至关重要，决定了我们对事物真实性的判断。可以说，在社会学领域，所有的规则、思考都是构建于假设层面的。管理学是社会学的一部分，它同样构建在一个假设的基础上。因此，我们假设人力资源管理就是某些管理行为的集合，而创新则是在突破这个假设或范式。

2. 经典定义背后的假设系统

让我们回到最基础的问题上来：“什么是人力资源管理？”

在管理学界，关于人力资源管理，很多学者给出了标准定义，但这些定义无不是基于一个范式，或者说是基于一种假设基础。下面列出三种经典定义。

①美国佛罗里达国际大学工商管理学院教授加里·德斯勒认为，人力资源管理是关注管理过程中人事方面的问题，包括如何

获取人员、培训员工、评价绩效和给付报酬的过程。同时，人力资源也关注员工关系、工作安全以及公平公正等因素。

②美国田纳西大学管理学教授劳伦斯・S. 克雷曼认为，人力资源管理是将组织中的人进行管理的过程，它贯穿于雇佣周期的各个阶段（挑选前、挑选中和挑选后），是帮助组织有效处理员工事务的实践。

③中国人民大学彭剑锋教授给出的定义则是，根据组织和个人的发展，对组织中人力这一特殊战略资源进行有效开发、合理利用，以科学管理的制度、技术、流程和方法的总和。

在梳理这些基本定义时，我们会发现它们的三个共性，即三种假设：第一，人力资源管理以法律关系为基础，包括雇佣周期和组织中的人等概念，认为人力资源首先应承认的是劳资双方的法律关系，尤其是在工业经济时期；第二，人力资源管理是专注于组织内部的，是专注于对组织内部的人开展有效开发和利用的；第三，人力资源管理是聚焦于人的。

3. 基于三种假设的人力资源管理范式

上述三种人力资源假设，构成了我们认识和理解人力资源的基本范式，同时也为我们揭示了前面所说的管理变革创新措施难以突破的底层原因。自工业经济革命以来，人力资源管理体系的构建，事实上都在基于以下三个基本假设。

（1）以法律关系为基础的人力资源管理

人力资源管理最开始就是在与劳工群体组织的对抗过程中产生的，这是它的根源。此后，在制度经济学家的推动下，劳动关系管理逐渐走向了建制和立法。我们说人力资源管理是以法律关系为基础，是有其发展的历史依据的。

（2）人力资源管理专注于组织内部

经典的人力资源管理概念指出人力资源管理是针对组织内部的。那么，对组织内部要关注什么？一定会关注绩效、成本。所谓绩效是基于岗位履职状况的绩效，在过去职能分工的前提下是这样的。但是，在岗位以动态方式迅速变化的今天，甚至当岗位都不存在的情况下，基于岗位的履职状况还成立吗？企业在构建自身的管理模型的时候，矛盾就产生了。

此外，过去我们所讲的成本是基于内部效率的成本，现在我们强调客户导向，强调对外部环境变化的响应，可当我们去考量企业运营的时候，企业实际上看到的还是内部成本——如果无法从底层认知变化出发去建立新的假设和范式，内外部的矛盾也会应运而生，变革最终会落入“新瓶装旧酒”的尴尬中。

（3）聚焦于人，聚焦于经营人才

我们设计的一个企业如何经营人才的经典模式，如图1－12所示。所谓经营人才，是致力于人力资本的增长，通过吸纳功能、维系功能、激励功能和开发功能，把人力资源充分有效地调动起来，所以我们聚焦于人，强调人力资本的增值。

但是，**人力资本增值就一定意味着人的价值实现吗？**

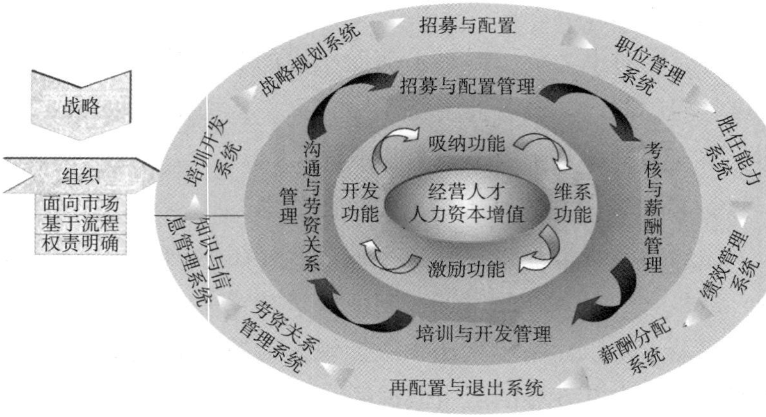

图1－12　经营人才的经典模式

在工业经济时期，在外界稳定的情况下，按职位分工履职，人力资源是有可能变得更高效，提高绩效的逻辑也都是对的。

今天，外部环境剧烈变化，组织内外没有一个很清晰的边界时，人与外界的连接方式发生了巨变，我们还用过去那种基于分工履职的绩效逻辑去做人力资本增值，就会带来一个大写的尴尬：聚焦于人，强调人力资本的增值，但并不意味着就能实现个人价值和组织价值。

（二）财富创造机制决定了管理范式

分析到这里，其实会明白一个真相：人力资源管理范式是一定约束条件下的产物，这种约束条件构成了所谓的理想状态。当外界环境发生变化时，原有的人力资源管理思维定式必须跟着改变，因为时代变了。

也就是说，我们进行人力资源管理的范式和假设的基础已经被动摇了，发生了改变。在这种前提下，如果你还把新的问题放到旧有的范式中去思考，就会令人纠结和困惑，就会回到老路上。

正如德鲁克所说："环境变化并不可怕，可怕的是沿用昨是今非的逻辑。"

财富创造机制决定了管理范式。那么，相比管理学产生的工业时代，今天的财富创造机制发生了什么变化，又为管理范式带来了哪些底层变化？

1. 财富创造机制的巨变

从采集到农业经济，再到工业经济，财富创造方式虽然在变化，但它们的约束条件是线性变化，是可以预测和控制的。简单地说，可以视作围绕着提高劳动效率而演变发展的。比如当以土地为核心开展的农耕劳动比打猎和采集的效率更高、更稳定时，农耕劳动就取代了渔猎和采集，成为社会经济活动的主角，财富创造机制就围绕着土地展开了一系列的资源配置和组织生产，这个时代的管理基本范式是以土地为核心的一系列资源配置方式。

在工业文明时期，工业革命带来了专业化的分工，带来了高度分工的流水线，实现了标准化、规模化生产，带来了劳动生产效率的极大提升。福特的名言是：如果他们愿意把工作分割成一个个小部分，便没有无法处理的工作。于是，基于机器化、流水线化的职能和专业分工构建了工业化时代我们对管理的全部的、底层的认识。过去，所有的人力资源管理的努力都是怎么去无限接近这个底层认知的问题。打个比方，就像是山就在那里，永远在那里，我们要解决的问题只是怎么去到达它，我们从来没想过山本身也会发生巨变。

今天你会发现，构成管理范式的那座“山”变了：由平面变成立体的，由线性变成了非线性，由连续变成了不连续。更要命的是，这一切都无法预测和控制！这时，你怎么去定义它？管理范式的变化，如图 1－13 所示。

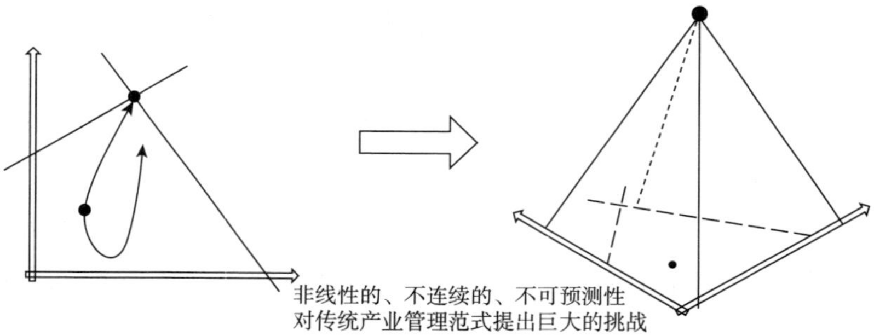

图 1－13　管理范式的变化

在工业逻辑下，生产是以产品为核心的，不用太考虑市场的问题，市场的变化是缓慢和可预测的，所以管理就是以成本控制为核心。而到了互联网时代，一切以客户为中心，商家必须思考能为客户创造什么样的额外价值，客户才会买单。这时管理就不是以成本控制为核心，而是以价值创造为核心。

当财富创造方式这个约束条件发生巨变，也就是管理假设的基础发生了巨变，基于假设的管理范式还能继续吗？答案显然是否定的，所谓“皮之不存，毛将焉附”。

我们看到的是传统的垂直整合、协同效应、规模经济、成本控制、科层组织、职能化分工等，正在被个性化小规模定制、利润中心，以及网络型、平台型组织、角色分工所替代和颠覆。没有一成不变的岗位，没有固定不变的职能体系，组织框架正在被重构……

这些对传统产业管理范式提出了巨大的挑战，重新定义管理就是要对管理范式进行重新思考，这才叫认知的革命。

2. 人力资源管理假设的变化

新的财富创造机制迫使我们重新认知人力资源管理的基点，即管理的底层假设系统。那么，人力资源管理的底层假设系统究竟发生了哪些变化？

（1）从以法律关系为基础转向以市场关系为基础

这是一个巨大的假设变化。当人力资源管理从以法律关系为基础转向以市场契约关系为基础，我们就真正理解了所谓的“人与组织的关系从雇佣关系变成了合作、互利共生的关系”的判断。

当人力资源管理的假设从法律关系变成市场契约关系的时候，才能真正催生各种灵活的用工形式，化解企业招不到人的问题，也给就业者带来崭新的就业形态。在市场契约关系下，一个人可以服务于多个平台，实现个人价值最大化；新的就业形态和生活方式也会使人力资源生态变得多元而丰富，人力资源传统的招聘管理职能才能被人才供应链打造所替代。

（2）从专注于组织内部转向专注于整合资源

海尔说：“世界就是我的人力资源部。”过去人力资源的经典概念是对组织中的人进行人力资源开发，以海尔为代表的企业所进行的管理变革，打破了人力资源的获取界限和管理界限。现在的人力资源管理不能把组织以外的人排除在外，而是要去打造人才供应链，要把世界当作我们的人力资源部，要向企业外部进行管理。

而当人力资源管理的假设从组织内部转向组织内外部一体化时，组织破界就成了必然的选择，平台化与生态型组织、独立核算单元、事业合伙人机制等新的机制、方法才有可能落地。

（3）从聚焦于人转向聚焦于价值的实现

按照既有的管理范式思考，人力资源管理不聚焦于人要聚焦于什么呢？我认为，未来的人力资源管理可能真不是聚焦于人，而是聚焦于价值的实现。如果没有价值的实现，你把人才培养得再完美，再有能力，意义又在哪里？

在人力资本价值管理得到认同，科层型组织转变为赋能型组织并成为发展趋势的情况下，聚焦于价值才能重新去定义绩效，比如过去绩效就是要出业绩，但现在失败了也有失败的绩效；因为创新、创造，不可能没有失败只有成功。

当管理从聚焦于人转向聚焦于价值，就会构建全新的管理范式，比如价值型认可将替代产出型认可，全面认可激励、赋能领导力成为人力资源管理的必然选择，人力资源管理从管控变成一体化的场景打造，等等。那么，人力资源机制、方法的创新就将不再是在某个单点上的突破改变，而成为系统化的变革。

小结：基本假设构成了人力资源管理范式，即底层认知；而假设的形成受财富创造方式的约束；当管理假设的约束条件发生变化时，管理范式必然需要重新构建。只有我们对人力资源的底层认知、假设系统进行认知革命，才能去构建响应这个时代的人力资源管理范式，才有可能真正了解和把握人力资源管理系统变革。

机制创造人才

第二篇　方法篇

一、HR 三支柱“中国化”后什么样

文/彭剑锋 西楠

在充满不确定性的时代，相比获得一两个能解燃眉之急的答案，管理者越来越倾向于长远思考答案的本质，从而让自己迎接更多未知的挑战。HR 三支柱的本质是通过再造组织能力，让人力资源管理为组织创造价值增值、达成成果。西方 HR 三支柱模式帮助中国企业管理者、人力资源管理者厘清了三个基本关系：各部门管理者与人力资源管理的关系；HR 三支柱与传统人力资源职能模块的关系；HR 三支柱间的协同互动关系。

然而，HR 三支柱模式在融入中国企业时出现了“水土不服”的现象。**中国标杆企业进行的 HR 三支柱实践对中国特有的人情面子、关系信任、传统文化等因素进行了哪些考量？其创新背后共通的设计理念和逻辑又是什么呢？**

（一）HR 三支柱间的冲突：健康大混序

1. HR 三支柱与职能模块的关系

人力资源专业职能管理一般分为“选、育、用、留、出”，或者分为工作分析、招聘、培训与开发、组织发展、绩效管理、薪酬福利、员工关系、退出管理等模块，这是根据人力资源管理开展工作的过程链条划分的。HR 三支柱模式相比重视过程的职能化管理体系更强调人力资源管理的成果与产出，即人力资源管理能为管理层、业务团队、基层员工带来哪些管理组织、管理人员上的支持。强调结果并不代表 HR 三支柱模式推翻了人力资源管理职能，而是以人力资源的各大职能作为方法论和工具，更好地进行人力资源管理活动。

那么，HR 三支柱模式与人力资源各职能模块的关系是什么样的呢？职能模块实际上是嵌入 HR 三支柱模式的每一个支柱之中的，即每一个支柱都从事与人力资源职能相关的招聘、培训与开发、绩效管理、薪酬福利、员工关系等工作，三个支柱在从事人力资源职能工作时的侧重点有所不同，如表 2－1 所示。以招聘为例，三个支柱都有招聘职能的工作，但侧重点不同。COE 招聘要思考招聘的渠道与资源，规划 Headcount，负责管理者的招聘、猎聘，思考雇主品牌建设等；HRBP 要基于对业务的了解、业务团队的人员构成，分析业务最需要具备哪些素质、潜质的人才，组织某些层级业务人员的面试；SSC 使用 HRBP 提供的招聘关键词，进行简历搜索和评级。这样才能体现出人力资源管理的效率。

表 2－1　HR 三支柱与职能模块的关系

模块	COE	SSC	HRBP
招聘	人才盘点与人才规划；雇主品牌；招聘渠道与资源	内部招聘供应商（简历搜索、评级）；招聘信息系统；数据化人力资源管理	承接 COE 招聘政策；招聘、猎聘；了解、反映业务的用人需求
培训与开发	负责培训平台搭建；逐级培训、各专业组培训、领导力培训体系设计；导师制设计；职业发展体系设计	新员工培训；区域共性问题的针对性培训；COE 培训计划承接；培训、职业发展信息系统	承接 COE 培训计划；业务培训需求挖掘与培训实施

续表

模块	COE	SSC	HRBP
绩效管理	牵头组织 BSC 绩效管理；业内绩效管理最优实践研究；绩效评估方案	绩效评估信息系统	参与业务的 KPI 设定；绩效评估落地实施；定制化绩效评估方案设计
薪酬福利	薪酬调研；薪酬策略；员工固定薪酬与短期激励；长期激励；福利；向业务提供支持；处理 SSC 升级给 COE 的员工咨询	录入算薪数据；发薪；解答员工薪酬问询；窗口办事大厅	业务定制化薪酬方案落地
员工关系	员工关系政策及 FAQ 制定；处理 SSC 升级给 COE 的员工咨询；入职、离职、异动流程管理；毕业生/实习生接收	员工关系答疑热线；窗口办事大厅；入职、离职、异动办理	承接 COE 的员工关系政策
组织发展	组织设计；干部管理（盘点、任免、评估、培养）；组织变革	对组织变动进行发文通告；在人事架构图中对变动进行修改	通过人才诊断，配合业务的组织变革
企业文化	组织氛围，各级沟通机制；内刊		承接 COE 文化政策，在业务内部进行沟通；宣传策划；安排内刊在业务部门的记者

总结来看，COE 内部一般仍按职能划分，属于人力资源专才。COE 侧重各职能模型政策制定与方案设计，对员工的人力资源专业问询有最终解释权，对其他企业在人力资源各职能的优秀实践进行研究。SSC 侧重各职能模块中基础性、行政性工作，对各职能工作流程中的事务性环节进行处理，对各业务在从事人力资源职能活动中共性的工作进行整合、标准化处理。有些企业在

HRBP这个支柱下设立职能组和HRBP组，职能组强调与COE职能的对接；HRBP组属于人力资源通才，侧重通过HR专业职能素养来发现业务中的管理问题，综合运用人力资源职能方法论和工具，为业务提供更适合的问题解决方案或设计更加合理的工作流程。

2. HR三支柱：专业同质和目标一致的三个班子

HR三支柱（COE、HRBP、SSC）都有一套完整的“选、育、用、留、出”机制，这会不会引起内部矛盾冲突，会不会带来工作的交叉和重叠？存在于HR三支柱中的这种“矛盾冲突”不属于内耗，而是一种健康大混序。

健康大混序带来的作用和好处是：首先，三个支柱的专业背景同质，都受过科班的人力资源管理相关专业训练，知识结构、培养发展的技能相似；其次，三个支柱的目标是一致的，虽然各自的定位不同，HRBP基于业务、COE基于战略、SSC基于平台和服务，但他们对外都是HR，最终的目标都是为组织创造价值；最后，混序之后形成简单易行的方案。单从业务的价值链条来说，HR不是价值链，不产生价值。HR在业务的价值链里帮业务产生附加价值。产生这种附加价值，最核心的功能不是去扰乱和干扰业务，而是把业务端各种各样的复杂问题在HR三支柱内部消化，虽然这个过程可能争执得不可开交。但三个支柱最终要得出一个公式，向业务部门表达的时候要用一个简单的输出，能够让业务得到一个肯定的答复，这其实就是一个HR的好处。这种好处只靠一个班子的“选、育、用、留、出”去做是远远不够的。

（二）HR三支柱：“协同问题”的救世主

1. 架构搭建：从对立到协同

为什么有些企业虽然实施过HR三支柱，但最终失败了呢？

通过调查，我们发现这些企业的某一个支柱没有建设好，甚至没有搭建，例如 SSC 做得很弱。这样就有两个 HR 班子在决策，一个代表战略价值的选择，一个代表业务策略的选择，他们从各自视角给出建议时，若没有第三方介入，很容易让问题变成“是与非”“对与错”的两难选择，不利于决策的产生。

2. 组织流程：从割裂到协同

职能化 HRM 各模块间缺乏协同，特别是流程上的协同。这将造成重复、多标准，无法从更宏观的视角看问题，各模块都不对最终结果负责，出现问题会相互指责等问题。HR 三支柱，三个班子分属职能流程的上游、中游、下游，并不断产生新的循环。HR 三支柱让外界感受到是一个 HR，而非多个 HR。HR 三支柱内出一套标准，HR 看问题也更宏观、全面、系统。打破了传统的按职能划分的 HR，面向业务时就输出一个决策，三个支柱都要为决策承担责任。一旦决策出现问题，也很容易从流程中找到问题归属或谁的责任更大。

HR 三支柱的共享服务中心是组织协同的另一种表现。不同业务单元有共性的人事事务性工作可以整合，节约 HRBP、COE 的时间，让 HR 从事更有创造价值的工作。

3. 人才与知识经验：从分散到协同

HR 三支柱有利于组织中人才的协同，共享知识与成功经验，这对于业务间的跨界创新起到支撑作用。HR 三支柱模式下，HRBP 更全面地了解业务，可以为业务提供所需的人才；HR 也可以将成功的组织活力诊断、组织变革等经验和知识沉淀、复制和推广到其他业务单元或部门。

（三）中国企业 HR 三支柱模式

HR 三支柱理论指出，COE 要紧贴战略，制定政策；HRBP 要以业务为中心，深耕业务需求，满足业务需求；SSC 要将分散在各部门的独立运作业务整体运作以提高效率。HR三支柱经历了20多年的理论和实践探索，观点逐步完善，模式逐步成形。

在大变革、大颠覆的时代，人力资源管理理念在变，内外部客户的需求在变，甚至一些常识也在改变。在这种背景下，人力资源管理如果被动地适应变化，未来前景堪忧；只有主动求变，在变化中大胆升级，才能生存、发展、创造更大的价值。结合前沿的理论及华为、腾讯、阿里巴巴等中国企业在HR三支柱方面的实践探索，我们提出中国企业HR三支柱模式，如图2-1所示。

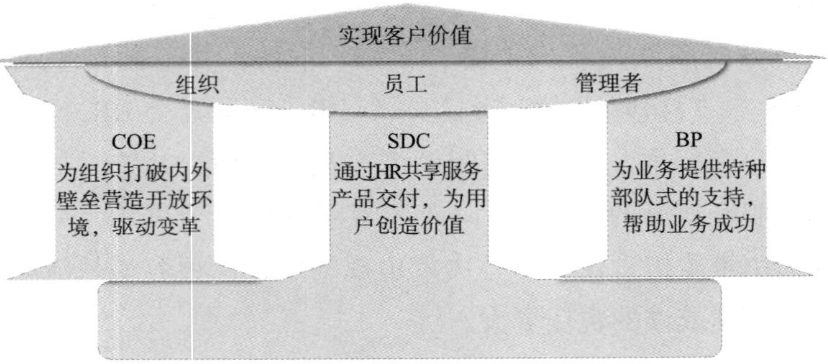

图2-1　中国企业HR三支柱模式

1. 中国企业HR三支柱模式的构成

从整体来看，中国企业HR三支柱模式是一个房屋，价值做房顶，HR三支柱做房屋的三根顶梁柱，平台化的SDC托起另外两个HR支柱作为房屋的底盘。人力资源服务的对象（组织、员工、管理者等）作为房屋的房梁，HR三支柱不断与服务对象达成共识，让体系结构更加稳固。

HR三支柱：COE创造战略价值，是HR的战略指挥部，为组织打破内外壁垒、营造开放的环境、驱动组织变革；HRBP创造业务价值，是深入业务的特种部队，帮助业务成功；SDC创造平台价值，是配置作战资源的后台，通过HR共享服务产品交付，为用户创造价值。

从 HR 三支柱的互动关系看：

COE 与 SDC。COE 作为战略指挥部，在 SDC 的工作中起着引领指导的作用。SDC 要以 COE 制定的战略、制度、政策为依据和准则，将 COE 的具体工作通过系统化、流程化、精细化的操作落实和细化。同时，SDC 还要积极向 COE 反馈操作过程中遇到的问题，协助并修正人力资源管理制度的科学性和准确性，以提高人力资源管理的效率。

COE 与 HRBP。HRBP 是 COE 制定公司战略落实到内部客户的重要中介。COE 根据内部客户制定出人力资源管理制度后，HRBP 需根据业务部门的特点对其进行本地化处理，使其更符合该业务部门的情况，促进员工对政策方针的认同和理解。同时，HRBP 也需要向 COE 积极反馈业务部门的需求，帮助 COE 制定更符合业务部门个性化需求的战略和政策。

HRBP 与 SDC。HRBP 作为深入业务部门的特种部队，需要对业务部门进行人力资源需求管理、员工沟通，从而发现最本质的问题，并且提出一个符合业务部门需求的解决方案。而 SDC 需要做的就是通过信息化技术、资源信息平台为这些解决方案提供技术支持，最终交付各个部门产品化的服务，满足其需求。

COE、HRBP 和 SDC 构成了资源流动、行为互动，有一定制度规范及联结关系的企业内部网络，COE、HRBP 和 SDC 是网络中的三个关键节点。西方的 HR 三支柱理论和实践中，HR 三支柱重视信息资源的流动，互动过程频率较小，互惠程度较低，西方 HR 三支柱整体呈现弱联系。组织网络权威专家格兰诺维特指出，弱联系让各节点之间的差异性大增，资源多元化程度提高，信息更为丰富。这种策略在西方讲理性、重事实的工作环境中具有优势。

在中国重视关系的文化背景下，中国企业导入西方讲理性、重事实、轻关系和互惠的弱联系 HR 三支柱理论，容易出现水土不服。相比弱联系，强联系 HR 三支柱理论除重视信息资源的获取，还重视人情资源的获取，以及复杂信息的传递。中国企业 HR 三支柱模式的模型体现了 HR 三支柱之间的相互联系，强联系模式让中国企业的 HR 三支柱间信任感增强，使得 HR 三支柱间能够以更低的成本实现资源流动。

从信息传递的角度来看，西方的 HR 三支柱理论将三个节点等同对待，HR 三支柱各自为中心获取、传递。而选取某个节点作为中心，中心具有数据优势，成了其他节点之间的数据桥梁、枢纽。作为人力资源数据的产生、维护和分析者角色，SDC 适合作为信息的中心节点，随着数据规模增大，能成为 HR 三支柱的大数据平台，起到支撑 COE、HRBP 的作用。由于对数据高度敏感，SDC 还能从数据中提炼价值与趋势，让 HR 创造价值。

2. 中国企业如何升级传统的 HR 三支柱

中国企业 HR 三支柱模式的升级体现在以下几个方面。

中国企业 HR 三支柱模式的升级，如图 2－2 所示。

第一，视角扩展。原来的 HR 三支柱模式仅从组织内部视角强调 HR 三支柱的组织架构，而中国企业 HR 三支柱不仅从组织内部进行探究，还从人与环境的视角强调 HR 三支柱与技术、组织变革、人才的互动关系。全新视角的扩展，促进了中国企业 HR 三支柱的突破与创新，为企业组织架构的变革注入了新的活力。

第二，平台支撑。从 SSC 升级为 SDC。传统的 SSC 仅仅是将企业集团各业务单元中所有与人力资源有关的行政事务性工作集中起来，建立一个服务中心。而 SDC 的升级换代，最突出的特点之一是强调平台化。这里所说的平台化不仅指信息技术的发展提高了 SDC 的产品属性、用户属性、好玩属性，还强调 SDC 对于另外两个支柱的大数据决策的支撑作用，让 COE、HRBP 都接入平台，更好地服务整个公司的价值创造。

第三，对象清晰。原来的 HR 三支柱模式存在服务对象模糊的问题，这导致 HR 三支柱难以发挥其应有的作用。而中国企业在实践探索中更加明确了 HR 三支柱服务的对象，包括组织、人才（管理者和员工）、业务。

第四，文化内涵。HR 三支柱的房屋模型融入了中国传统“家”文化的思想精髓。“家”对中国人有着特殊的意义，从家庭到家族、到国家、到家天下，中国人以“家”为纽带，安身立命、构建社会、管理国家、治理天下。“家”的文化世代传承。时至今日，“家”已不再仅仅局限于传统意义上血缘关系构建起来的家庭，人们也将“家”的观念融入公司管理层面。HR 三支柱中的“家”文化表现在三个支柱之间的相互支持协同发展，共

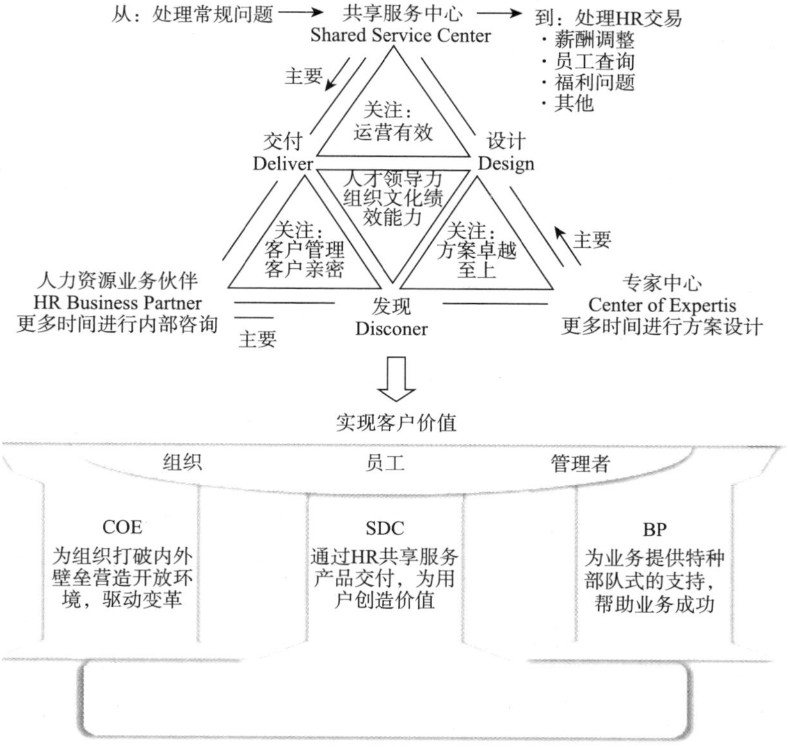

图 2-2　中国企业 HR 三支柱模式的升级

同构建一个坚不可摧的组织大厦。房屋模型强调了 HR 三支柱的整体性，三个支柱不是完全独立的分离状态，它们之间既有偏重性的对接组织中的不同层面，同时又相互支持共同支撑起整个组织大厦。少了任何一个支柱，整个房屋都可能面临崩塌的危险，HR 三支柱缺一不可。

二、八大方法突破企业成长人才瓶颈

文/苗兆光

在为企业做咨询的过程中，我走访了不少企业，发现目前企业缺人的问题层出不穷，人才瓶颈成了企业转型和发展的瓶颈。

日本非常有名的管理学家大前研一，对比研究日本企业和美国企业后，发现一个现象：人才不足是造成企业过早停滞的原因，而多数企业在成长过程中都会出现瓶颈。比如美国的企业有几个关键节点，规模分别在 1 亿美元、10 亿美元、100 亿美元几个节点时，会出现一定程度的停滞，经过一定的调整再向前发展。而日本的停滞比美国少一个阶段，美国到 1 亿美元的时候会做调整，日本的企业大概到 1000 万美元的时候就会做调整。

日本的停滞点为何比美国企业提前？大前研一专门对这种现象进行了研究。对比两个国家的企业，他发现主要原因在于：人才基础不同；不注重专业人才的引进和培养；创业者缺乏进取心。

美国企业在创业的时候，人力资源底子一般很扎实。美国企业注重对专业人才的培养，日本企业就不太注重，原因可能跟创业者缺乏进取心有关。日本创业者在开始的时候追求不一样，人力资源的底子就薄弱。其实，中国企业停滞得更早，很多时候企业才几千万元人民币的规模，人才匮乏的情况就非常明显。到底应从哪几个方面规避这个问题？具体内容如下。

（一）商业模式的设计应包括人才的易获得性

人力资源的获得应该是商业模式的一部分。我们研究西方的企业，凡是做大企业的，都有以下三点要遵循。

1. 大市场 + 大规模销售 + 大规模生产

这是能做大企业的前提，也是第一个规律。由它衍生出来的就是业务标准化，没有业务标准化就没有规模化。

华为在 1997 年引进 IBM 的时候，IBM 给它做 IBB。华为表示自己的业务很难标准化，尤其是自己的产品。华为是以客户为中心的企业，客户的需求千差万别，怎么能把产品标准化呢？

当时 IBM 告诉华为一个观点：你说的都是对的，除非你不想做大。要想做大，就要在需求和生产方式之间妥协，妥协的核心就是业务标准化。

2. 资源获取简单

所有能成为大企业的企业，一定在商业模式设计上让资源获取简单。大部分企业招人难的原因不一定是人非常难招，而是你需要的人太复杂。

很多企业说招人，985、211 的研究生都不能满足要求，或者要有经验、要有综合技能。这样的企业是招不到人的。所以，企业在设计商业模式的时候，要把如何能让资源获取简单作为前提。如果你设计的商业模式连人都招不到，企业很难走远。

福特公司的厉害之处在于，早期把工作设计得很简单，使得大量的工人容易操作，工人通过两周的培训就能够达到公司的要求。

招不到人的时候，你的工作是不是足够简单呢？

3. 组织复制简单

所谓职业化管理，就是通过事情和数据，以量化的方式来管理。这样管理的时候，人就容易盘活。

如果管理是复杂的，新来的人就不能灵活发挥，这是从商业模式考虑的。

（二）真正把人作为最重要的资源

人力资源的概念推行了这么多年，但有一点没有深入人心，即所有的资源是需要养护的，并不只是获取和使用。

在华为的顶层设计中有一个“三分立法”，就是任正非认为一个企业要可持续发展，它的收入要分成三份。什么叫收入？他认为企业的净收入 = 销售收入 - 原材料采购成本。

净收入分成三份：第一份要给股东，如果没有，股东不会给公司投资；第二份，回报给员工；第三份，用于企业的长期发展。比如华为定义投入长期发展的费用叫研发，它定义超过竞争对手的研发费用叫对未来的投入。

华为早期对这三个数字的比例为 1∶1∶1，叫三分立法，就是三份，一份给股东、一份给员工、一份长期投入。

现在这个比例调整了。我查了华为最近 8 年的收入情况，雇员费用（就是员工拿的钱）占利润的三成左右，这意味着华为将比例上调了，也意味着员工收入占公司净收入的一半左右。

华为员工的收入、长期投入、利润的比例是 3∶2∶1。

所以，中国有两个企业有几十年的发展了，别的企业都喊缺人，只有华为、美的这两个企业不缺人。

（三）机制先于管理：人才是牵引出来的

我遇到一个世界五大咨询公司的合伙人，聊现在咨询遇到的困境时举了一个例子：如果某国军队领导人请你做顾问，你给他出个什么主意？

我问这个外企合伙人，他想了想没有回答，他意识到后面有坑。

我告诉他，按照你们西方咨询公司的逻辑，可能你会对标。

第一，队伍不行。敌军全是正规军校毕业，都受过大牌教育。你的队伍却没有受过正规训练，所以第一招，建一个军校，把干部培养一遍。第一轮干部毕业要三年。

第二，你的装备不行。敌军的装备是统一配备的正规装备，你的装备是抢到啥是啥。所以你要建军工厂，改变你的装备，就是抓研发。

第三，你的后勤不行。打仗拼粮草，要把物流跟上。

这三点你都建齐了，需要五年时间。但敌军不会给你五年时间，战争马上就要开打了，正确的做法是：直接把干部叫到一起开两个月会，然后给了机制。

什么机制呢？

发展到 1000 人你就是营长，发展到 1 万人你就是团长，发展到 3 万人你就是师长，发展到 10 万人你就是军团司令。

人很多时候是给了机制牵引出来打仗的。

早期的华为也是这样。把营销派到市场做项目。老板说：让你去开拓新疆市场，给你 5 万块钱的市场费用，你把单子拿下。单子拿下就不要回来了，因为你就是当地的办事处主任；单子没拿下也不用回来了，因为你就没有工作了。

所以，人力资源做管理之前，第一个是机制，人才是牵引出来的。

（四）团队裂变先于组织裂变

人跟组织的冲突在哪里？人不是按组织的样子长的。

所谓的组织，是基于管理的需要，是基于目标的需要。

我要做一个什么样的业务，业务要求销售怎么做、研发怎么做、生产怎么做。把研发的流程画出来，市场的流程画出来，再设计其中一个一个的职位。职位有任职资格要求、绩效要求，这叫组织。

组织是对人的客观性要求，而没有一个人是按照组织的模样长的，人是活的。做企业难就难在如何把个性化的人跟组织连接起来，尤其是在企业成长阶段的早期，团队是先于组织的。

早期看小米的时候，雷军说自己 80% 的时间用于找人，要把核心团队建起来，这也是事实。

我跟企业经营者交流，思考组织的时候先把组织放一放，不是先思考架构怎么搭，要先思考人从哪来。

从老板的角度看，如果你能够找 10 个人跟你的追求相同，愿意把企业做起来，跟你做业务的逻辑相同，你们之间有共识的基础，这就叫治理结构。

如果有这样的 10 个人，你就有 11 个人操心。原来是你一个人操心，现在公司的事情有 11 个人操心。

如果你下面的 10 个人每个人再有 10 个人，这 10 个人又把它团队化，跟你对业务的理解是接近的，有相似的追求和价值观，就变成了 110 人。

如果这 110 个人每个人再带 10 个人，你就有 1100 人。如果你的核心团队能达到 1100 人，你的企业还怕规模小吗？

很多时候，我们思考组织的时候，先要思考人是怎么裂变的，这叫团队先于组织。

再看华为培养干部的机制，有以下两个关键措施。

第一，轮岗制。所谓的轮岗制是解决人的培养问题。

培养人，人的能力由两方面构成：一是靠知识。知识是通过培训的方式获得的；还要通过学习。比如你要做财务，不懂会计法不行，不懂会计准则不行，这叫知识。知识是可以通过培训的方式获得的。二是靠经验。经验一定是靠积累的，要成为高级干部，一定要在不同岗位历练，这是华为的轮岗制。

第二，导师制。指导一个新员工，用华为的话说，导师实际上是进行价值观的传递，主要在价值观上帮助员工，而不是在技能上。

（五）领导先于机制：人才是被唤起的

没有哪个企业的商业模式一开始就是完整的。商业模式要经过一段时间才能够培育出来。它是在不断的试错中完成的。

没有哪个企业在创业那一天，商业模式就完成了。它要反复试错，才能完成。

在商业模式形成之前，在企业的利益跑通之前，你的机制也是失灵的。

作为老板，最大的特征是能够让员工相信你是有未来的，他愿意为未来改变自己，这是第一个特征。第二个特征是唤起员工对企业的责任感。我认为你有未来，我也愿意在这里承担责任。人最大的区别是，可以根据要求去调整自己，能力是可以获得的。

你买一辆车就能开，能开多少迈是事先设置好的，是不能改变的。人不是。工作岗位要求高时，他可以晚上学习提高；岗位的要求发生改变时，他也会根据变化去调整。人不是被动的，跟工作是互动的，这是人的能动性。

员工的潜能是需要被唤起的，你要去公布、要让员工知道未来的方向在哪里。

（六）训战结合：人才是选拔出来的

德鲁克有一句名言："要在企业能够承受员工犯错之前，赋予其责任和权力。"

员工资历浅的时候怕犯错，不给他责任，不赋予他职权，所以员工变得没有历练。等你需要的时候，提拔他当高层，结果他犯一个错的时候，企业就没法抗拒、承受不了了。

第一，在基层的时候就选拔人。“基层岗位经过历练”，这是华为选拔干部的五个优选之一。

第二，从一线选干部。没有在一线干过的人不能提拔。

第三，优先从艰苦地区选拔干部。

第四，优先从成功团队中选拔干部，员工一定是从成功走向成功的。

第五，优先从影响公司长远发展的关键事件中考察和选拔干部。

（七）组织拆分：人才是分出来的

把组织拆小，就能提供更多的干部训练机会。

比如美的有几个干部高产期，回过头来看美的的干部和高管，在某个时期出来的人数最多。

第一个时期是1997年，美的首次做事业部改革，在此之前美的采用的是集权制，老板说了算。

1996年，美的业绩出现停滞，第一次出现了负增长。

美的在1997年做了一件事，即把公司拆分成五个事业部，这五个事业部是研产销全负责。

美的为了找这五个事业部的人，费了九牛二虎之力，把很多人从非常低的岗位上提拔上来，因为找不到干部。

在组织拆分的时候因为人不够，有些人就被提拔上来了。所以，1997年那一批被硬提拔上来的人后来一直是美的的高管。

2001年，又是美的培养高管的高产期。因为何享健发现了一招，就是把组织分拆成较小的单元。

如果这个人当总经理，他一犯错误公司业绩就下滑。如果让他负责一个事业部，他的业绩没有完成，只是影响一个事业部，影响不了这么多的业绩。美的的销售规模达到100亿元的时候，它被分拆为10个事业部。

这时候问题出现了，组织分散，不能整合资源。各个事业部都有自己的营销队伍，这个事业部的经销商不许那个事业部用，这样公司就出现了“大企业病”。

当时美的有个说法，叫“小企业病”，大企业得了“小企业病”，资源没有办法整合。所以，美的做了第二次整合，在 2001 年把公司从一个集团拆分成三个集团。这三个集团下面分设事业部，所以这个集团比原来事业部的人高了一层，后来这三个集团的总裁，其中有一个是方洪波。

这是大量出干部的时候，因为拆了三个平台，每个集团都需要大量的干部，需要各种各样的负责人。这时候又把能称职、不能称职的人提拔上来历练。当然也有严格的考核，基本上一个事业部总经理的磨合期是三个季度，如果三个季度不行，直接拿下。前两个季度可以忍受你业绩下滑，到了第三个季度业绩一定要上来。

美的一到业绩停滞就进行组织改造。看美的的财务报表，有三个停滞点，即 1996 年、2001 年、2006 年，每个时间点都是经过组织改造，分成几个事业部，到下一年业绩准会出现高增长。

美的面前，人是拆出来的。因为把组织分小了，等于提拔年轻干部的时候，使得企业整体承担的风险小了。

（八）向外整合：合出来的人才

小米这几年讲生态链战略。它的生态链战略实质是依靠小米现在的核心竞争力，到外部寻找生态链小企业。

对小米来讲，业务体系主要有三项：小米网、手机、互联网服务。这“铁三角”模式要走通的话，需要足够长的产品线。

比如小米网如果没有足够长的产品线，电商就运作不起来。小米在手机上是低盈利的，而作为一个企业整体盈利要跟上。你没有其他产品跟上，你的盈利就不够。

我们知道小米作为创业不久的公司，它不像华为，可以人才引进，研发可以自己建。它早期的时候没有足够的研发能力，也没有足够的研发队伍。但是，战略上又要求拓宽产品线，所以就有了小米的生态链，利用它早期积累的优势，能够操作大单品的经验。比如它有供应链，因为手机做到 800 亿元的规模，它的供应链影响力还是有的。

比如它在产品设计上，积累了能力，能够把产品设计得简洁。如果让产品的核心功能突破出来，总成本还能降下来。

它利用经验找能跟自己互补的小企业。比如你有个团队，技术过硬，但是你的团队不会做市场，你找到小米，小米帮你做营销。

小企业最大的难题是不能整合供应链，小米帮它整合供应链。这样，小米就把自己改造成了一个赋能平台，所以它的生态链关系，就是赋能给这些生态链企业。

小米对生态链企业投资很少，最高不到 40%，具体内容如下。

第一，参股不控股。多数在 20% 的控股规模。

第二，帮忙不添乱。小米给小企业建议、出招，把小米的能力赋能给小企业，但是不强制要求小企业。

第三，建议不决策。生态链解决了小米的人力资源问题，它把这些小企业的研发团队整合过来，来解决自己的人才供给不足。

附：方法清单

- 商业模式的设计应包括人才的易获得性。
- 真正把人作为最重要的资源。
- 机制先于管理：人才是牵引出来的。
- 团队裂变先于组织裂变。
- 领导先于机制：人才是被唤起的。

- 训战结合：人才是选拔出来的。
- 组织拆分：人才是分出来的。
- 向外整合：合出来的人才。

三、跳出考核看组织绩效提升

文/云　鹏

绩效考核如何做才能不流于形式，既让领导满意，又让部门配合？

绩效管理中选择什么样的方法更实用、更有效？

如何才能保持组织绩效的持续提升？

人力资源部门在绩效考核中如何定位才能发挥更大价值？

组织绩效是企业的永恒命题，因为绩效反映了一个组织的状态：组织发展得怎么样，能不能发展下去，未来会怎样，都在组织绩效里。所以，组织绩效管理是整个组织经营管理的重心，也是人力资源管理工作的发力点。

在实践过程中，公司一旦抓业绩、抓管理，大多数是从绩效开始。不管是抓个人绩效还是组织整体的绩效，往往是老板觉得绩效有问题，然后责令人力资源部门跟进。可结果经常是：人力资源部门的同事折腾得很起劲儿，老板不满意、部门不配合、员工很对立，搞得 HRD 精神很崩溃。

绩效管理甚至被称为“世界级的难题”。尤其是在所谓的后工业时代，相比工业时代，绩效管理的约束条件发生了巨大的变化，企业经营的外部环境、资源配置的方式以及企业内部的人员、技术、工作方式等，都发生了非常大的变化，且变化因素复杂交织，并存于企业组织中。

一方面，工业时代组织管理的集中化、标准化管控等特征在组织中依然存在；另一方面，“互联网+”时代出现的组织分权、去中心化、去威权化及个体的个性化等变化日益突出。企业界普遍认可一个观点，即企业组织面临的是一个易变、不确定、复杂、模糊（VUCA）的时代环境。

在这种背景下，**大家基本上也有一个判断：基于工业时代特点的经典的科学管理式的考核方式，越来越难以胜任企业的现实需要**。尤其是在人力资源要支撑战略的要求下，未来的绩效管理何去何从？绩效考核怎么做才不流于形式，既让领导满意，又让员工配合，同时又能够持续组织绩效？

我讲了8年的绩效管理课，在华夏基石做咨询的过程中，以及最近两年在上市公司主管绩效体系建设的操作实践中，一直在持续思考上述问题。总体来说，我的体会可以归结为一句话：**绩效不是考出来的，而是建设出来的**。

下面，我将按照Why、What、How的思路谈谈，组织绩效的管理为什么这么难做？组织绩效管理应该是什么样的？组织绩效管理应该如何做？从重识、重构、重建的思路分享关于提升企业组织管理水平的策略和方法。

（一）绩效管理为何难：重识绩效管理

1. 辨识组织绩效管理的误区

第一种情况：业务变动太快导致绩效体系建不起来。外部环境变化太快，公司为了抓市场机会，积极拓展新业务，导致市场目标总在变，绩效考核没法制定刚性指标，自然也没法建立起绩效考核体系。

第二种情况：照着一套模板，自己挑选着用。我见过一个公司请了国内比较知名的咨询公司做了一个绩效指标库，600多个指标，在使用的时候，人力资源部门就挑一部分来用。到年底考核的时候发现2/3的指标没有数据，最后只能凑合一下，随便出一个数据作为参考。这种情况很典型，只有法和术，没有具体的策略。

第三种情况：盲目跟风。比如很多企业在一阵风似的学习OKR，能不能学得好，管不管用，恐怕真的是谁用谁知道。管理考核唯方法是不可取的。

第四种情况：抓不住关键。很多企业的绩效指标都是依据平衡计分卡建立的，往往一个岗位的指标有十几项，这种做法是能反映综合情况，但是因为指标多，权重就都很低，KPI会发展成PI。最后的结果是：综合分都不低，但是组织的重要指标没有完成，感觉没抓到点子上。

第五种情况：把强制分布等同于绩效提升。考核结果解释不清，为了把考核工作推行下去只能强制分布，导致考核最后成为发钱依据或者是裁人依据。2018年底，由于经济大环境的影响，许多公司宣布裁人10%。有多少公司不是用考核的强制分布做到的？还有的情况是公司业绩增长很快，所有的部门指标都很好，最后只能用强制分布，这样是不是绩效管理做得好呢？绩效强制分布是不是就等于绩效提升呢？

第六种情况：出现“堰塞湖”。在实践中发现，有些公司的一线业务部门的指标完成情况离预期相差很大，但是职能部门或者支撑部门的指标完成得很好，甚至可以拿奖金。对这种情况许多人也不理解，这其实就是管理中的“堰塞湖”，支撑部门和业务目标脱节，不畅通。

以上是企业绩效管理中的常见问题。用一句话概括：因为有误区，所以绩效难做。

2. 为什么会有绩效管理

从辨识误区往回推导原因，需要回到原点，探讨一下绩效的本质。

农耕时代，我们的祖先种地要考虑粮食产量，今年收了200

斤稻米，但明年想产出250斤怎么办？靠天吃饭保证不了，就得自己想办法修水渠、蓄肥、改良种子，等等。从200斤、250斤最后亩产达到300斤，这就是耕地绩效的产出。这是最原始的绩效管理。也就是说，绩效的出现实际上来自人的原发动力：要多产粮食。

改革开放后，我国实行土地承包责任制，为什么能释放出巨大的生产力和绩效活力？当时给农民讲“交足国家的，留足集体的，剩下的都是自己的”，农民就拼命地干、积极主动地干，希望多收粮食，自己剩下的粮食就多。我研究海尔模式的时候曾访谈张瑞敏，张瑞敏就说海尔的“人单合一模式”从国家的联产承包制中受益很多。土地承包制为什么会激发绩效活力？有太多的点值得管理者思考。

那么，绩效考核是为了什么？

绩效考核的目的其实不是为了考核，它的出发点只是为了衡量，或者叫参照性的衡量。衡量为了什么？为了改进和提高。

所有的管理活动只要有改进提高的动机，就要有绩效管理，或者叫绩效考核。就像每个家庭都很关注小朋友的身高，家里放一个有平均身高参考值的量尺，比如6岁男孩儿的平均身高是1.3米，但自家6岁男孩只有1.2米，家长就知道孩子身高不够，就要研究怎么回事儿了，是营养不够、运动不够，还是睡眠不够？家长就会寻找原因，制订改进和增高计划。这些都是建设性的措施，没有哪个家长一看孩子身高不够，就骂孩子一顿让他自己想办法长高，肯定都是通过积极的、建设性的行为来帮助孩子长高一些。

从这个角度说，组织绩效是组织发展状态的“显示器”，它提供了评价组织发展状态的参照数据。为什么绩效管理会从组织发展的“显示器”到成为令人讨厌的“绩效主义”呢？

这里有一个背景，即企业组织的发展实际上是在工业革命后，资本进入并有组织地进行规模化生产，推动了绩效管理的深化。随着科学管理的推动，组织中专门有了管理部门进行计划、组织、控制，投资与经营分开，管理与运作分开，组织通过细化的指标完成情况进行考核和奖惩。

越细化，越复杂。绩效管理越来越具有功利性和目的性，做到极致就是把绩效考核的结果作为驱动绩效提升，甚至异化为绩效就是考核。导致一说到绩效管理，张嘴就是 KPI 考核，闭嘴就是平衡计分卡。

大家认识绩效的弊端的时候，应该了解其实更多讲的是考核手段，不是绩效本身，绩效本身就是绩效衡量。

3. 绩效管理为什么难做

绩效管理为什么难做？原因是多方面的。我理解的原因大致有以下几方面。

（1）组织管理的复杂性

组织管理的要素比较多，比如在迈克尔·波特提出的价值链管理中就有 9 种要素。我结合实践经验，整合一下管理的要素是“四维一核心”；一维是组织的技术路线管理；二维是组织服务客户的流程管理；三维是组织的资源管理；四维是组织的人力管理；一个核心是基于四维要素整合的组织平台能力。

（2）绩效是一项系统工程

绩效管理是各个环节既要相互关联，又要长短期结合，因此出了问题往往都是疑难杂症。导致企业绩效的因素是综合的，包括人员和能力建设，组织的部门建设、流程建设，以及客户的市场建设、财务的产出使用效率等，任何一个环节出了问题，最终的绩效都不会好。

（3）绩效相关影响因素太多

一个企业里影响绩效的因素包括选择的业务的市场空间是否足够大，商业模式是否正确，战略方向是否对路，长短期目标是否科学合理，组织上下的共识和协同是否到位，人员能力是否匹配，激励牵引是否到位，等等。这些目标最后都可以归纳为组织能力的指标，其他还有市场供需的影响、系统是否支持等。所以，绩效好坏有的是因为行业整体发展情况，有的是因为商业模式，有的是因为高层领导力的问题。

总之，影响绩效结果的因素比较多，不能够以偏概全，全部归于绩效管理。特别是企业的创业阶段，对行业的选择、商业模式的选择，很大程度上是由创业者个人因素决定的。我们不否认领导的个人能力的作用，但是在创业初期绩效管理因素是比较少的，常见的情况是领导人看到市场机会，绩效很好，但那不是绩效管理发挥的作用。**所以，绩效好并不直接等同于绩效管理，只有通过管理促进的绩效提升才叫绩效管理。**

（4）绩效指标建设方法导致的困难

这是绩效职能部门在做绩效时常见的困难。绩效指标的建立方法通常有三种：基于职责、基于战略、基于流程。现在用得比较多的是基于部门职责和基于战略的层级分解，而问题也在于这一点。基于部门职责有时候很难承接组织目标，组织越大部门越多，“部门墙”“流程筒”的弊端越明显，很难协同。经常是部门的指标都完成了，组织的绩效却不好，部门协同也一堆意见。

基于战略目标的逐级分解也很容易导致期望衰减和承诺错位。对此，我们有一个比较形象的比喻。我们在给某公司做咨询的时候，曾以电力传输来比喻组织战略目标分解传递过程中存在的能量衰减问题。电力传输时，线路越长接点越多，电压越小损耗越大。解决办法就是用超高压电缆直达终端，即长线路、端到端、少接点。

另外，还存在过于关注指标平衡，导致绩效指标过多的问题。指标设置是四平八稳了，但重要项也被淹没了，难以突出关键指标。

绩效指标基于组织流程的提取也比较难，原因在于传统的流程往往是上下游地传递，只要做好上下游触点的交接环节就行了，实际上责任在于每个节点。而现在的组织流程需要全过程的交互，上下游的协同协作才能保证结果。这时候，指标的建立就需要协调多个因素，同步迭代。这时信息化手段的使用、自我管理能力，以及基于终端驱动的利益分享就非常重要。如果这些配套支撑系统做不到位，做不好基于流程的分解也就不足为奇了。

（5）忘记了绩效的初心（出发点）

有一个人养了一条宠物鱼，没多久鱼死了，主人很伤心，决定厚葬这条鱼。但是，是土葬还是火葬？反复考虑以后，主人决定火葬后再将骨灰撒进海里，叫回归故乡。听起来是个理想的结果，但当主人把鱼架在炉子上一烤，不一会儿飘来了鱼肉的香味，主人顿时眉开眼笑，开了两瓶啤酒，叫上酒友喝两杯，早忘了“送鱼还乡”的事儿了。

这个故事和绩效管理的道理颇有相通之处。我们看看现在有多少绩效管理，做着做着就舍本逐末了，重视了手段，忽视了目的，而把手段当目的，甚至衍生出其他目的。这种情况下绩效管理怎么做？所以绩效的初心是什么，原点是什么，是整个绩效管理过程中要不停追问的、要坚守不移的——**绩效管理是为了组织绩效的持续发展，不是为了绩效的应用，绩效应用只是促进组织绩效的一种手段**。

（二）绩效管理什么样：重构绩效管理思维

既是重构，也是回归常识。回到绩效管理的本质。

1\. 回到原点，重新理解组织、组织管理、组织绩效管理

第一，组织的本质是什么。

亚当·斯密最早在《国富论》中提出，劳动分工是经济增长的关键，企业是分工与专业化的产物。后来认为企业组织是专业

化的协作组织，通过协作产生超过个人生产力总和的集体能力。管理学大师明茨伯格认为，组织其实就是任务的分解与协调。因此，**组织从本质上讲就是一种关系，协同做事，通过分工组合产生大于个体效率的综合效率，这就是组织产生的初衷。**

《国富论》中讲过一个例子，在手工作坊里，一个人一天也造不出一根针，但是通过在工厂里的分工协同，再加上利用机器，一个人一天的产量就可以达到4800根针。当然，这是工业组织最初的组织能力，现在再讲组织能力，除了生产效率外，还包括渠道能力、品牌能力、专利权，等等。这些能力都是组织能力，是单个个体无法完成或者无法高效完成的。

过去讲组织能力，强调的是组织效率，而现在不仅是效率追求，更多的是体现能力所产生的价值。比如高通的移动内存处理器的标准能力、对价值链的控制能力。组织能力产生的价值还包括绝对市场份额、专利权的组合与版权、客户关系、品牌、分销渠道的控制、技术研发领先等。如英特尔在技术研发方面的持续领先、戴森的功能性领先，也包括成本优势，像富士康的成本优势。这些都是决定上述企业长期存在的根本能力，**组织能力的好坏决定了组织的生存状态。**

第二，关于组织管理。

传统上讲组织管理，更多的是讲人与人协调的活动，讲计划、组织、领导、控制的职能和功能。如果把这几个职能和功能打通，它就是持续改进的链条，**所以我们在讲组织管理的时候，其实就是讲持续的改进循环。**通俗一点说，组织的管理就是挖一个坑儿，让合适的人陷进去持续改进。

德鲁克曾经讲过，管理就是组织一群平庸的人做出伟大的事。阿富汗战争时期，美国的联席参谋长斯坦利曾说，**管理的任务就是带领现在的人走向胜利，不是理想的人，也不是未来的人，就是现在的人。**

任何一个成功企业走过的道路，无不是从平庸到伟大的过程。比如阿里巴巴创业初期的“十八罗汉”，以及他们所拥有的资源等，与阿里巴巴现在高管团队的学历、经验、胜任力结构，以及所拥有的资源配置等，简直是没法比的。可以说，如果没有阿里巴巴后续的持续发展，人员结构的持续改进，阿里巴巴一定走不到现在。当然，这样的例子还可以举很多。

这些成功企业是通过什么样的组织管理机制实现发展的？成功的管理典型如华为的价值链管理——价值创造、价值评价、价值分配的持续循环体系。海尔的高端、高人、高酬的人力资源价值增值管理模型，即在开放人才系统过程中，通过有价值的高端来吸引高人，由高人创造高酬，高酬又重新匹配高单，从而吸引更多的外部人员进入的持续体系。这些都是持续的组织改进的最优实践。

总体来说，我们可以把刚才讲的“四维一核心”综合起来，就是组织管理。

再来看一下组织绩效管理。阿里巴巴为何能引进那么多高水平的人才？也就是说，怎么保证高水平的人能源源不断地进入组织，而不至于出现人才瓶颈？

目标牵引，是有效吸引高端人才的途径。阿里巴巴最开始是18个人创业的时候，最大的理想就是让天下的生意不再难做，这是最宏大的目标牵引。怎么完成？需要有创造力的人不断地进来。所以，早期的创业者就约定了退出管理，叫“拥制不拥管”，这是最基本的创始人的约定。当然，除了目标牵引，还有事业承诺、利益分享等，尤其是创业团队的核心人物马云的个人影响力，对于这个决定的影响和推动是最关键的。

可以说，组织绩效来自远大的愿景和具体行动目标的牵引，逐步落实行动目标，持续管理改进结果。组织的绩效管理就是在目标牵引下的持续改进和建设。

组织的绩效管理的出发点是组织绩效的提升，通过牵引措施实现组织能力的提升，最终支持组织的发展。这其实是组织最重要的逻辑，靠循环改进、坚持改进提升绩效。

2. 回到组织绩效的本质，绩效是一个衡量器

绩效本质上是一个衡量指标，组织绩效展示出来的是“果”，导致这种“果”的其实是战略落地和组织能力的提升。也就是说，**战略落地和组织能力是“因”，组织绩效是“果”**。

回过头来看为什么有些企业做不了组织绩效管理，原因就比较明显了。一是缺少目标的牵引力，行动随意难以聚焦，执行力难以保证；二是缺少组织能力的支持，想做的事儿做不了，所有的想法都是空中楼阁，就是空对空了。战略没有想好，中期规划没做，年度目标不清晰，满眼都是一件一件的事儿，做到哪儿算哪儿，凭感觉处理绩效，这不是绩效管理。这种情况下，组织的绩效风险也比较大，受市场的波动影响很大。

组织战略落地来自持续的战略洞察、战略设计、客户与价值定位、利润模式设计、业务范围、战略控制点的设计。

这些都需要一轮一轮地反复考虑，通过实践验证再修订，在此基础上通过已有规划展开市场目标、策略、行动计划、工作重点、预算、组织绩效指标和绩效监控反馈方式等组合，这就构成了绩效目标的牵引系统。当然，这本身也是绩效能力。

对于很多初创或者成长型企业来说，这种能力可能很难到位。但可以通过引进人员或者和咨询机构合作，并辅导其落地的方式来做；也可以是通过一个周期来实践，比较有效地促进。我所在的这家公司近两年实现了 200% 的业务增长，最重要的原因是对于规划的设计落地，能够被有牵引力的东西牵着走。基于此建设组织能力，是我这两年体会比较深刻的地方。

组织能力的体现可以从一些战略实践后的业绩关键指标来评价，比如成本优势、功能领先、技术领先、渠道控制力、品牌、

客户关系、专利、所有权的组合、市场份额（市场份额是说垄断领先型的市场份额的占有）、价值链控制、标准的拥有等。这些都是对组织能力最终支持业务战略的衡量。

当然，组织能力还可以通过刚才所说的“四维一核心”操作层面的指标来显示。通过实践，我们对“四维一核心”进行初步构建，包括人力资源管理维度的价值创造活力、人力效率、领导力与匹配；资源管理维度的财务资源使用效率、资源池充裕度、谈判议价能力；技术路线维度的技术创新性、领先性、影响力、专有性；服务客户流程为主的流程效率、客户与市场的增长情况、客户满意度等，以及一个核心能力，即平台管理维度的战略清晰与改进、组织结构有效性、信息使用效率、风险防控等。这些指标可以根据具体企业的业务类型、发展阶段进行设计和评估。

总之，**提升组织绩效的关键是做好战略规划和落地，以及有意识地进行组织能力建设和能力的提升**。在这个前提下，其实组织绩效是顺其自然的，就是战略落地和组织能力提升的结果，是数量和质量的呈现。

3. 绩效管理的抓手正逐渐从外在动机向内在动机回归

我们可以关注一下华为的人才招聘，很多年都在强调华为要招的人是“胸有大志，一贫如洗”，现在已经悄然去掉了“一贫如洗”。过去讲“一贫如洗”就可以“重赏之下必有勇夫”，高奖励、高付出，床垫文化，等等。现在“一贫如洗”的人确实少了，只靠物质奖励对业务的促进没那么明显了。过去任正非经常讲，我们是把别人喝咖啡的时间都用来奋斗了，强调加班文化，牺牲休闲时间忙于工作。现在讲什么？“一杯咖啡吸收宇宙能量”，要经常泡泡咖啡馆。也就是说，业务类型和人员情况，以及工作方式其实都发生变化了。

我想说明什么？在做绩效管理的时候，传统的有三个理论基础：需求理论、期望理论、动机理论。需求理论讲人的五种需求从低到高，我们只有对需求的满足才能够起到很好的激励作用，也就是我们现在讲的人性管理。期望理论和动机理论，在绩效管理当中也是非常重要的两个理论。期望理论是建立起激励和期望值的关系，将个人努力、个人绩效、组织奖励和满足需求结合起来。你只要努力工作，就能够有很好的回报。动机理论更是强化这种激励手段，动机理论认为只要能够达到一定的强度，就能够促使人的需要转化为动机。

人的动机分为两种，一种是外在动机，一种是内在动机。但是，在绩效激励手段上，到目前为止更多的是用在外在动机上，如通过表扬、奖金、物质奖励、荣誉等实现对动机的牵引。外在动机的特点是：时间短，作用效果很快，其实也比较被动，负面作用也很大。**一旦建立了外在动机奖励和绩效的强关系，就形成了只能增不能减的怪圈，而且对内在动机还会有损害。比如本来是基于兴趣做的，一旦转化为外在的奖金、奖励的方式，边际效益就迅速衰减。**

现在绩效管理的工作受环境因素的影响比较大。回头看一下组织绩效管理内外部环境的变化，整个管理环境正越来越从粗暴发展向精益化发展转变，从重资源投入转向节约资源投入。这种情况下，对于整个管理的要求，也正在从数量指标和粗放的增长向有质量的发展和关键成果的增长转变。我们现在做组织绩效管理，有这样一个前提。

另外，管理对象也在发生变化。2017 年底有一个词儿刷遍了朋友圈儿，叫作“佛系青年”。企业里做 HR 的朋友不知道有没有同感：身边的“佛系青年”越来越多，而且可能成为一种趋势。相比前几代人，年轻群体似乎更追求平和淡然的生活方式。受益于经济和社会发展水平的总体提升及父辈的积累，有相当一部分年轻人在物质和精神生活方面很丰富了，对通过“升官发财”来满足需求的愿望下降了。或者说，“升官发财”、得到认可等不再是他们工作的目的，他们认为生活的意义在于追求本性和兴趣，能提起兴趣的就是按照自己的方式和节奏去做事。

年轻一代的这种特点是时代背景下不可忽视的因素，它迫使组织管理出现新的趋势，即开始注重差异化、个性化。从整体上的统一步调，强聚焦、强压强、重结果、强外在激励，逐渐走向鼓励个性、创新、过程辅导等。传统的管理方式也从激励牵引绩效改进循环，逐渐变成绩效改进本身的循环。

需要强调一点，传统的绩效改进就是由计划到最终的结果使用、激励的完成，即从外在动机促进绩效改进，逐渐演化为内在动力促进绩效改进，激励和额外的奖励只是起到巩固和辅助的作用，额外的奖励、意外的惊喜只是促进和加强内在的动机。

因此，不同时期对绩效管理的要求是不一样的，不同行业里也不一样。比如有些公司，特别是知识创新型公司每周都和员工做沟通，看重的是潜力而非过去的结果，绩效管理目标也不是评估绩效，而是驱动绩效。所以，整个绩效管理的假设，其实逐渐从外在动机向内在动机转变，管理越来越聚焦于能力、聚焦于如何帮助做事者把事情做好。

（三）绩效管理如何做，重建绩效管理体系

我的观点是具体问题具体分析，要根据企业的具体情况设计具体的操作方案，这里主要讲讲一般性、共性的问题。从一般性、共性的角度看今天应该怎么做绩效管理。

1. 理念先行

理念要有关键目标牵引。回归到原点有“四问”：在战略分解中，当年的关键目标绩效是什么？分解的措施是不是有利于促进组织目标的产生，成果又是什么？由哪些部门和个人承担？主要的衡量指标是什么？

首先要通过“四问”，想清楚关键目标牵引是什么。所谓的绩效目标牵引，实际上是改变了原来的绩效计划、绩效过程、绩效评估、绩效反馈、绩效使用的循环。我们在绩效牵引中就是抓住计划实施和反馈改进，甚至反馈改进是与计划实施同步的，短周期信息同步，过程可见，及时辅导跟进。这就是我想强调的：目标牵引，重在建设。因为绩效管理问题就是一个循序渐进的问题，就是一个建设的问题。

为什么我要强调循序渐进？因为我跟不少老板交流过这个问题，可以说很多老板心态上都是很急的。我说你要想搭建一个绩效体系就是急不得，华为搭建 BLM、BEM、PBC 绩效体系的时候，前后用了 8 年才基本搭建成，里面也是反反复复，不断改进，但没有急于求成，更没有半途而废。吴春波老师评价华为的管理之所以成功：等得及！很多管理措施没有在企业见到成效，我觉得有个核心原因，就是等不及。

海尔做“人单合一”时，从 2005 年开始做，到形成系统理论、操作工具用了十几年。绩效建设是一件长期的事情，不能争一时之长短，尤其是指标的积累，它就是一个长期的过程。我们经常在考核的时候觉得没数据参考。这个数据不积累怎么会有？

在搭建绩效体系的过程中，共识和协同非常关键。即便有一套方案，如果达不成共识，没有系统化的执行方案也落不了地。绩效体系建设是综合性的事情，企业里不仅是思想认识要一致，要解决的事情很多。比如要事优先、人员能力、流程的问题，信息优化系统支持的问题等，都需要一个一个地解决。最突出的是什么、短期能见效的是什么，都要摆在最重要的日程上。

绩效管理体系的构建一定是多个部门协同的事情，不仅仅是人力资源部门的事情，人力资源部门只是牵总。应该由高层领导和各部门一把手成立委员会来牵总，牵引流程，从而形成的是相互支撑的目标，而不是一个个割裂的独立指标。

2. 重视方法论

重视方法论更胜于重视方法的匹配，这是一个基本逻辑。

组织在发展过程中几个“悖论”的平衡原则是要始终把握的，具体内容如下。

第一，野性（激情）与理性的平衡。在组织快速增长过程中鼓励一定程度的野性（激情），但是到了一定阶段后，能力建设更多的是需要组织统一，基于战略能力的加强，要听从指挥，统一方向，更多的是一种理性，这是一种平衡。

第二，控制和分权。组织成熟了，控制多了，条条边框很多，但是都不能“打仗”。现在很多文章在提倡李云龙式的绩效管理，其实更多的是强调分权。这从一个侧面说明组织里的控制与分权不平衡了。当控制多了以后，强调分权的绩效指标就应该多提一些。

平衡的总原则，我认为就是实事求是，具体问题具体分析，动态调整。所有的方法和方案都要落地，落地就得有策略。我们经常会说学习优秀企业，那么多企业学华为，为什么学不来呢？因为你看到的经验都是华为几十年的集成，并不是它今天才有的，而你把同样的工具拿过来后，在你的企业具体怎么做，是否切合实际？

所以，要结合自己的特征深入建设，只有建成自己的方式才是最实用的。一定要重视方法，重视方法背后的逻辑。没有最好的，只有合适的。

有一段时间大家比较热衷于OKR的绩效管理方法，要引入就必须考虑八点：组织和人力资源的成熟度是不是高；员工的工作动机是不是内在动机；组织结构是不是扁平化，是否有弹性；组织文化是不是开放包容；绩效文化是不是很开放公平；奖励方式是不是有惊喜；是不是大量的小团队工作；组织管理更多的是强调自我管理和组织过程辅导。如果这些特征不具备，要使用OKR

就是事倍功半甚至是不合适。这都是绩效背后的逻辑，就是不要光看到成果，还要看到方法，以及取得好的效果背后的那些因素。

3. 阶段匹配

绩效方法要和组织、人力资源匹配，不同阶段要有不同的选择。对于快速成长期、业务成熟期、多元发展期的企业匹配的绩效指标是不一样的，比如快速成长期更多的是强调流程导向，重业务、抓市场、指标尽可能简单，体现流程和成果导向。

业务成熟阶段，更多的是能力建设，体现市场对标，显示组织能力状态。这时候，人力效率、财务效率、组织综合竞争力指标要成为关键指标，组织的复制能力要强。

多元业务发展阶段，要根据财务或者战略管控定位，抓赋能和效率管控。集团平台要突出战略、人才、财务、法务、IT、投资等综合能力，以及对子业务的支持。对子业务的绩效管理两手都要抓：一方面是效率管控；另一方面是牵头赋能。

4. 绩效策略

在进行绩效管理的时候，有以下几个原则一定要把握。

一是简单简捷。就是“二八法则”，最重要的价值往往是由少部分关键要素贡献的，所以一定要简单简捷，抓关键指标的驱动作用，不要过分复杂。比如平衡计分卡其实是一个思考工具，提炼关键指标的时候要聚焦关键目标。思考指标时可以全面，但是作为关键指标的显示不能有太多细节，不要把驱动要素和结果都显示出来。在设计指标时可以有不同的设计，比如即期财务收益和当期关键绩效挂钩，组织能力建设可以放到任期考核里来做；平时业绩来自承接组织目标分解，奖金分红来自业务终端绩效和部门协同，晋升重点看能力建设。

二是针对性。缺什么考什么，差什么建什么。绩效管理体系的一个重要问题是建设过程中经常面临指标缺失和没有数据。怎么办？不能量化就先质化，一级指标没有就到下一级指标找数据，没有数据就先做起来。

三是专业细化。在关键业绩指标导向成功要素的同时，能力指标还是要建起来。能力具体指标要细化到能够和市场同类数据做对标，从而判断组织的成熟度。以人力资源部门为例，人均利润、人均产值、单位成本利润、单位成本收益、人员匹配率、人员胜任度、高潜队伍建设状况都是作为能力指标的，有时候甚至可以用这些指标反推提出考核目标。

四是高压直达。减少分解的节点和承接环节，企业层面的经营指标尽可能直接穿透到层级和部门，能承接到个人就承接到个人；承接不到个人，就承接到最小的组织单元。作为下级的承接，指标构建要从下往上，承接到战略，要上浮一个层阶承接指标。上浮一个层阶是说只升维不降维，组织层面的指标要承接到集团层面，部门层面要承接到公司层面，个人层面要承接到部门层面，这样整个指标就更有战略意义。

五是加强流程相关部门对关键指标的审核。这对统一方向、保障一线业务的达成，促进部门协同具有重要意义。

总结：第一，所有组织绩效改进的最终落脚点都是耐心持续建设，而不应该是一个方案或者某一个方法；第二，所有绩效改进的形成都是基于原则指导下的实践，否则行动可能就会跑偏。

四、事业合伙人：用“资合”寻求“智合”

文/张文峰

如何让人力资源通过“智合”的逻辑，通过智力贡献，能够具体体现到“资合”的逻辑上，这就是事业合伙人要讲的本质问题。

（一）用“资合”的法律结构表达“智合”的管理逻辑

现在讲事业合伙人机制的人很多，有的人说事业合伙人就是一种股权激励的方式；有的人说事业合伙人就是一种资源整合，是一种利益共享。我认为，事业合伙人机制既不等于股权激励，也不等于资源整合，更不等于利益共享。

我们在组建华夏基石深圳合伙制公司的实践中，给事业合伙人机制下了一个定义：**基于互联网思维和产业生态思维，由资本、技术、智力等价值创造供给方合作共赢、共担、共创、共享的一种分工协同机制。各价值创造相关方在事业合伙人的交易结构中，分别获得各自希望得到的价值，并以此作为奋斗的原动力。**

回到问题的原点，事业合伙人机制必须有自己的定位。其实，**事业合伙人机制是用一种“资合”的法律结构，表达了一种“智合”的管理逻辑**。因为无论是《公司法》《合伙企业法》，还是《证券法》等一系列法律法规，都没有“智合”的观念，只有“资合”。比如两个股东，注册资本1000万元，你出资510万元，我出资490万元；你有51%的股权，我有49%的股权。

现实情况是，越来越多的企业不仅需要“资合”的逻辑，还需要“智合”的逻辑。很多企业家跟我讲，现在越来越体会到企业增长的规模能够多大，不取决于有多少资本、有多少技术、有多少资源，而取决于拥有多少真正志同道合的要素、团队和经营性人才。

现在，事业合伙人机制正在中国企业形成一种热潮，这是这个时代发展的必然结果，即人力资本在整个企业经营中的重要程度越来越高。那么，**如何让人力资源通过“智合”的逻辑，通过智力贡献，能够具体体现到“资合”的逻辑上，这就是事业合伙人机制要讲的本质问题。**

人类社会的进步，源于分工体系的建立和分工协同机制的优化。在企业发展的过程中，有的企业在规模小的时候效率很高，成长速度也很快，因为那个时候是老板给自己干。创业的时候，我们说老板是“三位一体”，其实何止是“三位一体”，是“五位一体”到“六位一体”——既是总经理，又是大股东、研发总监、营销总监、财务总监，我还兼任过深圳公司的司机。为什么一身兼数职，效率却很高？因为在为自己奋斗。

我一直是机制的坚定支持者。很多企业都倡导文化，都在讲为企业奋斗。但是，客观事实是没有一个人会真正为企业奋斗，所有人都只为自己奋斗。我们认为99%的人，甚至更高的比例，只可能为自己奋斗。怎样让具有“自私”天性、组织中的个人达到一种主观为自己、客观为公司的状态，在组织中贡献自己的价值，这是对机制的要求。

小企业要少用管理，多用机制。因为机制是没有成本的，管理是有成本的。

事业合伙人机制的形成大致经历了一个过程：老板在规模小的时候是给自己干，花自己的钱，为自己办事；后来走到了以委托代理制为基础的职业经理人机制，变成花别人的钱，为别人办事；最后才发展为事业合伙人的共担、共创、共享。

（二）实现事业合伙人机制要完成七个转变

事业合伙人机制的目的是怎样提升效率，怎样让企业的价值增长与每个员工甚至外部参与者相关。这就是事业合伙人机制来源的一个思考。

实现事业合伙人机制，本质上要完成以下七个转变。

- **把老板一个人的奋斗，变成一个团队的共同奋斗。**
- **把个体独立作战，变成抱团作战。**
- **把各种稀缺资源的单打独斗，变成 1+1+1=111。**

- **把员工变成老板。**
- **把职业经理人变成创业者。**
- **把利益共同体变成事业共同体和命运共同体。**
- **把搭车人变成奋斗者。**

我很痛恨“搭便车”的现象。“搭车人”的出现，会在企业中形成劣币驱逐良币的情况。我在很多公司看到这种现象：新业务负责人对老业务负责人讲，今年我们的股权激励能不能兑现就靠你了！这其实就是“搭便车”的心态。老业务负责人达成目标以后，新业务负责人发展如何似乎是无所谓的。客观上讲，“搭便车”的心态是所有人都会有的，但是怎么使得这种“搭便车”的现象尽量减少或者消失，就是事业合伙人机制要解决的问题。

（三）事业合伙人机制一定要以共担为前提

事业合伙人机制，首先是以共担作为前提的。如果没有共担机制，不管是股权激励还是事业合伙人机制，几乎全部都是失败的。我了解的这方面案例为数不少。

某一家企业因为涉足几十个行业，曾经做过这样的尝试，把自己的研发部门和营销部门做成一个孵化器，内部变成一个个创业公司。我说这种模式推出之前，先让各个团队把商业计划做出来。然后发现有几十个团队都分别做了这样的商业计划：这个说未来三年，第一年能达到1000万元利润，第二年达到5000万元利润，第三年达到1亿元利润；那个说今年能达到8000万元利润，明年到多少，后年又到多少，然后要求占合资公司的多少股权。老板听后挺高兴，说把这几个公司的利润加起来，最后就会变成一个千亿市值的公司。

我说这个问题没有结束，再做一个测试。把所有团队找过来，给大家一个机制，比如你跟公司假设50对50的股权比例，你出100万元，公司给你配1∶2，公司出200万元。公司出200万元才占50%的股权，你出100万元占50%的股权，敢不敢干？结果没有一个人应声。我接着降低比例到1∶3、1∶4，提出如果你没有钱，老板把钱借给你，你拿房子做抵押，敢不敢干？最后只有一个团队敢做。

由此可见，共担的重要性。如果公司能够取得那么好的经营结果，为什么不愿意出这点钱？背后的逻辑就是，所有人想的是赚了钱，我跟公司一起赚；亏了钱，公司自己来亏。这绝对不是合伙人机制。所以，合伙人机制要以共担为前提，风险与挑战并存。只有能够过了这一关的合伙人才真正叫合伙人，合伙人机制才能成功。

（四）志同道合、合作与共享、资源与能力

事业合伙人机制很关键的三个基础条件是志同道合、合作与共享、资源与能力，三个条件缺一不可。这个基础条件不是我们给别人设计的，而是给自己设计的。要成为华夏基石的合伙人，就要具备三个条件：志同道合、合作与共享、资源与能力。

第一，志同道合讲的是共同的价值观。以华夏基石为例，前期有人要加盟我们的团队，说："张老师，我很喜欢你们的模式，希望加盟，但是我觉得这个模式运转太慢了，我们找一个投资机构，给企业做个包装，最后卖给一个上市公司，可能很快就把钱赚回来了。"我告诉他："你干你的，我干我的，你不要加盟华夏基石的团队。我们的理念永远是为客户创造价值，与客户共同成长。所谓道不同不相为谋。"说实话，现在真的合伙人机制很少，大多数不是合伙人，而是一伙人，没有志同道合的理念作为支撑。

第二，合作与共享。我们团队做项目，任何一个项目都必须是"抱团打天下"的方式，依据各自的"长板"共同努力。只有这样，才能产生分工与协同的效应。我们团队还有个不成文的规

定，如果某个人认为这个项目不需要任何人，自己一个人就能搞定，有个人英雄主义的倾向，那就得离开这个团队。因为你不需要团队，团队也不需要你，你也不能为团队的其他成员做出价值和贡献。

第三，资源与能力。你的资源和能力要达到足够的水平，才能成为公司的合伙人。

（五）事业合伙人机制的十个注意事项

结合我的咨询实践来看，事业合伙人机制有以下十个注意事项。

- **战略导向清晰。**
- **业务成熟度要高。**
- **分利不分权。**
- **交易结构设计合理。**
- **制度加文化，共识最重要，要强调的还是以“志同道合”作为前提，**要有共识，否则会做成“一伙人”，这样的公司是没有办法持久的。
- **围绕战略要素进行激励，避免大锅饭。**
- **有资本化平台的支撑。**
- **增量分配原则。事业合伙人机制是激励机制，不是分配机制，**但很多公司把一个激励机制做成了分配机制。分的是存量，那叫分配机制，只有是面向未来的增量的分配才叫激励机制。为什么我说很多企业的股权激励做的是错的，为什么出现了很多问题，因为它们分的是存量，存量是老板和原来的人创造的，不是你创造的。只有对增量分配，就是通过你的努力、奋斗，做出一个增量，由原来的1000万元到3000万元，进行增量的2000万元的分配，这才叫事业合伙人机制。
- **注意《公司法》《证券法》《合伙企业法》的相关规定，**

以及实际操作。

- **避免出现贡献环节和收益环节的脱节。**

最后，谈一下对事业合伙人机制的几点核心体会。

第一，只有 1 +1 +1 =111 的效用的产生，才能形成事业合伙人机制的基础，否则无法产生以分工协同为基础带来的溢价。所以，必须以 1 +1 +1 =111 作为基础。

第二，能力和意愿是事业合伙人机制形成的两个必要条件，缺一不可。有意愿没能力、有能力没意愿的人都无法成为合伙人。

第三，不要希望给予某个人事业合伙人机制，他就能成为合伙人。**先有意愿和能力，本身具备合伙人的资格，机制才有作用，**而不是有了机制才形成能力和意愿，不能因果倒置。

第四，是否成为一个公司的合伙人，和境界、品德、事业心无关。很多人把它上升到一个道德高地，这是错误的。每个人都有自己的选择，没有对错之分。

第五，先有一流的机制，才能吸引一流的人才，才能创造一流的业绩。这点彭剑锋老师很多年前就讲过，很多企业都希望先有一流的人才，创造出一流的业绩，才给予一流的机制。凡是这么理解的企业，百分之百做不大。一定是先有一流的机制，吸引来一流的人才，才能创造一流的业绩；有了一流的业绩，才能吸引更一流的人才，形成一个良性循环。

强调一下，一流的机制并不代表一流的薪资。刚才提到的一些合伙人机制，招很多海归人才，月薪不超过 2 万元。因为我在为这个机制奋斗。通过这个机制，在我能获得比现在年薪更高的收益的时候，我宁愿把自己的年薪降下来。

所以，**事业合伙人机制一定不能零和博弈，不是一方获益、一方亏损，而是各方都获益的模式。**

五、新生代员工怎么管

文/张小峰

从在企业做HR到做企业人力资源管理的咨询服务，无论是我自己团队的变化，还是分析客户企业的管理问题，我们都有一种直观的感受就是：管理真的变了。

那么，管理中到底是什么变了？是人的思考方式变了，还是其他方式变了？HR又如何面对变化？

（一）重构管理认知，HR要具备五大新思维

带着上述问题去跟客户交流、思考研究，概括提炼。我认为主要是以下几个方面的变化。

第一，时代真的变了。时代变化的内涵太多，这里不能详细分析，仅从每个人的体验出发简单说，是以互联网为核心的信息技术发展带来了一系列变化，过去的信息技术也没有现在这么发达，信息内容也没有这么丰富。举个小例子，我的一个同学从美国留学六年回来以后，很多我们习以为常的生活小技能，比如支付宝使用、订外卖，他都很陌生。从这个例子就可以看出，时代确实发生了非常大的变化。

第二，企业里的人员结构发生了变化。早几年，我们在谈怎么对待85后、90后，现在已经开始谈95后甚至是00后了。00后再过几年就要大规模地登上职业舞台了。

第三，技术手段变了，比如大数据、人工智能等。这些都反映了一些支持性的、操作性的工作正逐渐被机器所替代。

后来发现，到了这个时代，人才真正成了价值创造的主体，真正成了企业发展的主导要素。**当人才成了企业价值创造的主体**

的时候，员工的自我认知就开始转变了。员工开始更加关注自我，主权意识也开始萌发，甚至00后也展现出了一些自我实现、关怀平等、包容适应等独特的价值观。

对于人力资源从业者来讲，带来的收益在于：当员工成为价值创造的主体的时候，人力资源工作才真正受到了企业主的重视。没有人才的重要性，就不会有现在人力资源从业者这么高的地位。所以，HR **和人才一定是一个“共生共赢”的状态，要适应人才需求，提高对人才的吸引力。与此同时，HR 在企业里面的地位自然会水涨船高。**

那么，HR 如何转变思维，重构管理认知？

时代不一样了，员工的主体地位也不一样了，他面临的职场环境也不一样了，这时候人力资源要怎么办？

1. 转变认识，转变思维

一是要建立一种“人才就是客户”的思维——以人才为中心，人才是客户，经营人才就是经营客户。我们认为，首先要转变思维，就是“人才是客户的思维”。

要像关心客户一样去关心人才，真正把握人才的需求，乃至于超越人才的需求，以及从人才的视角思考问题，真正地站在对方的角度来看问题。通过这种客户思维，满足不同人才的不同层次的需求，并利用管理层面和工作机制设计层面的方式，通过一些正向的激励规则的构建，让员工真正地由外在的动机转成内在的动机。

二是要围绕着人才构建一个能量和服务的系统。这个系统里面要包括五个思维：专业的思维、设计师的思维、场景的思维、认可的思维、娱乐的思维。在场景构建的时候，实际上还需要系统的思维，把各个要素真正地构建起来，建设一个能量场，一个能够激活人才、让人才如鱼得水的能量场。

2. 系统地构建能量和服务系统

如果没有专业，你构建起来的“场”可能就没有价值；

如果没有设计思维，你构建起来的“场”可能格调就不高；

如果没有场景，你构建起来的“场”可能都是平面的而不是立体多维的，就无法让人真正地感知。

如果没有娱乐的思维，设计师也就缺少了一些构建系统的工具。在现实的管理实践里，很多企业实际上在利用一些游戏化的思维。我们要意识到，未来的员工一定是更注重娱乐化、游戏化场景的。

如果没有认可的思维，其他的如场景化、娱乐化等就会变成员工福利，就没有办法真正激发员工内心的动力和活力，没有办法跟工作真正衔接。其实，前面所讲的专业、设计、场景、娱乐都是为认可服务的，都是基于工作认可的一个服务。

专业思维是什么？就是在我们从人事管理走向人力资源管理，再走向战略人力资源管理的过程中，对 HR 从业者的专业性的要求会越来越高。我在一个 HR 群里面看到了一个招聘人力资源产品经理的广告，要求既要懂人力资源，又要懂业务、产品，还要懂信息化。这已经超出了我们在高校受教育的时候，对人力资源的认知范围。

我认为新时代对管理者的要求，第一位的还是要具有专业的思维，人力资源的本质还是一种专业性的工作，要真正地与时俱进，不断地突破自己专业的上限，不断地吸收宇宙的能量。

设计师思维，就是要懂架构，懂框架效应，要像一个摄影师、一个画家的设计和构图一样，对于工作场所里面的每一个要素，都要精挑细选。任何一个员工在工作场所里面所看到的任何事情、任何事物，其存在背后一定都是有逻辑的，并不是随心所欲地存在。**在人力资源体系构建的过程中就要思考：我的规则是什么，我的制度是什么，构建的管理环境到底在传达什么样的理念。**这些东西要通过一言一行一场一物表达出来，比如腾讯员工加班到晚上九点以后就餐免费、打车免费等，其实都是有意识设计出来的激励规则，鼓励大家不断奋斗。

构建场景思维时，要增强体验感，即能够设身处地地感受自己在其中的时候，别人应该是什么感受，要共情；然后根据这种体验，结合这种场景，结合专业和设计师思维去优化制度、优化环境，构建工厂。现在互联网行业里面的某些活动，比如阿里巴巴的中秋节抢月饼、腾讯的公仔及各种各样的文化视频，其本质上都是一种场景思维。

还有认可的思维。90后职场人跟过去不太一样，单纯靠给他们压力是不行的。负向激励一定要有，但是真正靠的是正向激励，要认可、要点赞，还要贴标签，从而鼓励员工产生自我实现的需求。

最后，一定要关注娱乐思维。如何寓教于乐，让大家有参与感、有兴奋感、有体验感，这些都要设计出来。比如游戏里面的各种各样的机制，滴滴的滴米等奖励机制，阿里巴巴的花名机制，逻辑思维的节操币等，其实都是娱乐思维的体现。

实际上，“变”是主体，这些人力资源管理体系都要有发展的思维、迭代的思维，要处于不断螺旋式上升的状态。迭代的思路本身也是一个系统的思考。

（二）激活人才，全面认可激励的实践探索

随着人才主权时代的到来，人力资本取代货币资本和其他资源要素的时代的到来，我们到底应该换什么思路，以及用什么样的方法论或者管理体系，去真正激活人才？

这几年在做咨询的过程中，我们也会研究一些国内的实践案例。

1. 游戏化思维的实践

大脑实际上是有一种奖励系统的，在某些行为（比如觅食、嬉戏）的过程中，会释放多巴胺，这是一种令人感到愉悦的物

质。当做这个动作的时候，就释放多巴胺，这样就形成了一个过程，比如做出某种动作时大脑就给予奖励，释放多巴胺，这时神经中枢就会继续做这种动作。游戏化思维，实际上是哈佛商学院的教授首次提出来的，后来应用于企业管理的场景。

所谓游戏化管理，是指在非游戏的场景中使用游戏元素和游戏设计技术，从而激励员工提高工作参与程度和工作的趣味程度。英国学者的研究表明：游戏化和激励机制有很多共通的地方。比如他提到游戏里面有明确的成长路径，用经验值来度量进程，随时追逐进度。玩家不断地挑战自我、肯定自我，在这个过程中获得成就感，这个对应到激励理论里面就是强化理论和目标设置理论。实际上，游戏里面还有短期目标和长期目标相结合的思想，把一个工作任务分为可计量的短期的目标和长期的目标，同时和玩家的获利挂钩。

提高整个目标意识和过程管理意识也是目标理论和期望理论的一个构件，正向激励也是其中的一部分，尽量避免负向激励。此外，及时反馈、快速试错、不确定性、增强激励效果、提高组织归属感等，其实都是学者们研究发现的游戏机制中对员工激励具有借鉴意义的内容。目前，**游戏机制在我们身边已经无处不在了**。比如支付宝里面会有一个抢金币的机制，游戏里面的一些排行榜、信用卡的积分、航班积分等，这些都是游戏化思路的一个代表。

2. 游戏化认可激励管理的五个常见元素

游戏化在企业中的具体实践包含五种常见的要素，可以运用于管理。第一种是点数，比如我上学的时候就热衷于把 QQ 升级为 3 个太阳；第二种是勋章和徽章；第三种是等级；第四种是排行榜；第五种是挑战。这些游戏化的要素可以被运用到管理手段里。以点数为例，一个员工加班一次奖励 10 分，或者帮助团队其他人一次奖励 10 分。

徽章。在游戏可视化里面就是徽章，徽章是点数的集合，是视觉化的呈现。不同类型的徽章，可以用来鼓励不同类型的活动。如“金牌员工”“金牌供应商”“五星级员工”，还有像小红花、小奖章之类的勋章，如“最具管理创新奖”“最团结同事奖”“最佳技术能手奖”等。我们团队里面也设了“最佳新人奖”，但其实只进来两个人，所以每个人都是最佳新人奖。还有最辛苦奖、最帅奖、最佳颜值奖，这些都是一种游戏化的方式。

等级设计。等级设计就是在游戏化认可激励里面，游戏跟薪酬、职位序列、年终绩效考核、奖金分配要关联起来。盛大曾经设计了一个游戏管理程序，当时想把游戏化认可激励的一些做法运用到管理体系，甚至对外推广。它们自己的管理里面有个积分等级关联机制，比如1000积分就对应S等级，如“专员”级别。

排行榜。排行榜就是可以对认可积分进行排序，也可以去列一些总榜单和单项的榜单。比如十大金曲榜，NBA里面的MVP排行榜、得分排行榜、助攻排行榜、篮板排行榜等。排行榜有利于激发参与者的动力，使其想要不断冲击排行榜的前列。不过，也有学者研究发现，如果距离前列太遥远，怎么也够不着，也会削弱动力，所以对排行榜的设计很重要。

挑战。挑战就是不断地做一些有挑战性的任务。西蒙在研究组织的时候，发现有一种叫组织倦怠的现象。当时西蒙提了一个概念：工作里面的挑战，在于他每一次都要踮一下脚才能做到。这里也有负面影响，当用心做了无数次这样的工作后就会变成操作性的工作。这时候，任何工作都没有太多的挑战性。

案例1：雕爷牛腩的实践

中国国内游戏化做得比较好的有几家企业，比如阿芙精油和雕爷牛腩。雕爷牛腩的创始人雕爷在管理上打破了很多传统的方式，如每天下午提供果盘和饮料，五点开始提供烤曲奇，任何时候都有消夜。因为雕爷不喜欢早起，所以他们公司不打卡，他的理念就是把员工伺候好。例如，每个月涨薪水，办公室提供按摩椅，提供剪头发、美甲师和胶囊公寓等福利。同时，他也提倡像打麻将一样管理90后。

他经常在工作场景里提倡“快速地开局”“快速地奖励”。2012年，公司业绩不错，他直接给员工奖励了几辆车，比如奔驰的敞篷跑车、宝马SUV和迷你cooper。此外，如果营业额破纪录了，他就搞一个投飞镖活动，投中一环就是100元奖金，投中红心就是1000元奖金，现场投现场发钱。同时，他也十分关心正反馈，比如他曾说过，他发现大家每天都要玩几局dota。这时候，他让人力资源部买了几个非常好用的鼠标、键盘，然后组织比赛，胜利的人还有奖品。雕爷通过一系列的方式把员工凝聚起来。

案例2：网龙公司的游戏化闯关模式

目前，国内还有一家游戏化气氛做得比较好的公司——网龙公司。网龙公司本身就是做网络游戏的，91助手就是网龙做的，其公司地址是在福州，而不是在互联网的中心城市——北、上、广、深、杭、成、南。怎么吸引和激励研发型人才，这是网龙公司当时比较困惑的；然后基于一些现实困惑，它们提出了游戏化闯关模式——将岗位的一些认知能力点设计为不同的游戏关卡，职业的晋升就被设计成一种游戏闯关的模式，然后员工可以通过完成任务来打通关卡，获得相应的能力等级认证。

比如“打怪”的认证，就是员工通过发展信息系统了解目标岗位和自己能力的差距后，就可以打破一些时间和空间的限制，在一些移动端的学习平台上自主选择对应的课程。用游戏化的勋章、称号、积分、级别等方式来激励员工发展，就是像游戏“打怪闯关升级”一样，通过完成任务就升级、完成任务再升级的方式，对能力进行认证。

具体到游戏化的模块里面，网龙也有一套成熟的积分授予和星级评定的一些规则。比如学习努力可以争取积分，参加公司的活动、比赛都可以获得积分。部门的推荐，与每个人职责相关的个人贡献都可以体现在积分上。这是积分获得的途径。有获得就有消耗，积分消费的方式主要是公司内部兑换礼品，如公司的周边产品、纪念品，还可以参加公司举办的一些积分竞拍活动，用积分竞拍一个 iPhone，兑换一个休假券，兑换一个跟董事长吃饭的权利等。这都是兑换积分的一些方式。

当然，不同的积分标准，其奖励的标准也不一样。比如日常工作中的日清奖、满勤奖与入司周年奖、志愿者奖等是不一样的。**这就是人力资源部门要考虑的，鼓励什么行为，肯定就要在积分和积分奖励上体现出鼓励和引导来，比如鼓励团队协作，做出团队协作行为的积分可能要高出个人单干的积分。这就要求人力资源从业者进行系统地考量。**

3. 幸福企业塑造

幸福企业的代表有胖东来，这是做商业零售的，还有京东、腾讯、苏州固锝等。苏州固锝原来是一个上市公司，有外资股份，但因为董事长在管理工作过程中得到外资的认可，外资方就把自己的股份以非常优惠的条件转让给董事长了。董事长在这个过程中感受到了很多的善意，然后他就想把这种善意传播出去。

案例 1：苏州固锝的幸福企业塑造

苏州固锝的幸福企业塑造主要有八大模块，包括人文关怀、人文教育、绿色企业、健康促进、慈善公益、职工拓展、人文真善美和敦伦尽分。像人文关怀里面就有困难员工基金、幸福领班、知心姐姐、准妈妈关怀、幸福午餐沟通会、爱心车队、幸福理发师、离职员工座谈会和领班关爱奖励等机制。人文教育里面有圣贤教育、礼仪讲座、孝亲电话、好话一句分享、家庭日、读书会、生日会等机制。

在幸福企业的八个模块基础上，苏州固锝的福利体系也非常完善，比如对员工子女的关爱，孩子在当地公办学校就学就读，少儿医保费用报销，独生子女费，员工小孩教育基金等；生病住院员工关怀，员工和家属急难关怀，幸福宝宝关怀，黄金老人关怀；特困家庭还有重大疾病员工或家属关怀，员工直系亲属关怀，还与当地公立医院建立绿色通道供生病员工免费住宿；工龄续接、免费补贴、免费餐补、夜班补贴、工龄补贴、庆生会、开门红包、年终奖；中秋国庆慰问、妇女节慰问、工会福利等。

德鲁克对于整个企业管理的贡献是，提出了管理的概念、战略的概念，以及企业的社会责任。在我们研究幸福企业的过程中，我们一直坚持的观点就是，企业是社会组成不可或缺的一部分，要履行社会责任。**企业对员工的关怀，其实就是在履行社会责任。**

案例 2：胖东来给员工以尊严和体面

我是河南人，在河南有一家我非常喜欢的企业叫胖东来。我在国内甚至到国外的超市，只有胖东来真的让人有上帝的感觉。进去以后，那种感觉非常不一样，迎接你的是发自真心的笑容。胖东来提供了八大免费服务，即免费缝裤脚、免费擦鞋、免费修鞋、免费打市内长途电话、免费借雨伞等，以及你乘坐电梯的时候，有员工会提醒和呵护你，或者是帮老人、小孩子乘坐电梯，做这些工作时，员工脸上带着发自内心的微笑。

员工的这种精神面貌，也有一个很大的原因，就是物质激励。**胖东来的员工在河南当地的收入是同类型企业员工的三倍以上。**当时和胖东来做法很像的另外一家企业叫万客隆。万客隆后来经营不下去了，然后找到胖东来的老板于东来说，你能不能把我的企业接过去。于东来就提了一个要求说，我可以接过来，但是我所有的管理规范和管理行为你都不要参与。万客隆的老板同意了，然后于东来接手万客隆的第一件事儿就是给所有的店长涨工资，原来在河南当地大概 20 万元的年薪直接涨到 100 万元。按理说这个成本是变高了，结果当年就实现了巨大的盈利，扭转了亏损。**你愿意为员工付出，其实有时候不是成本。因为当你把成本付出到一个限度的时候，就是一种投资，是会有收益的。**

于东来本身是一个很有情怀的人，正是因为有自己这样一个情怀，他对员工才有这样一些对待方式。他曾在自己的微博里写道：做管理就是要俯下身为基层排忧解难，服务好他们。只盯着业绩是出不来好结果的，要让团队的每一个人开心幸福地工作，认真学习，提升专业能力，提升个人品格，善良地服务每位客户才是正确的方向。

案例 3：京东的员工关怀

京东的薪酬福利是给一线员工特殊补贴，包括餐费、夜班补贴、防暑降温通信补贴、住房补贴、风雨同舟补贴、高原补贴。每年为六万名员工体检，为家属提供体检；结婚生子都有关怀，有爱心互助基金帮助困难家庭等。每年春节，京东都会有一个一线员工救助基金和春节子女团聚项目。因为很多快递员过年的时候需要坚守岗位，京东就让快递员的家人到工作地，一个孩子补贴三千多元，多了不退，少了再补。

除了一线员工，京东还在 2017 年 4 月开办京东幼儿园，京东员工的子女可以免费入园，还为员工提供各种免费的母婴用品。京东又跟人民大学合作，支持人民大学附属小学、人民大学附属中学、人民大学幼儿园落户到京东的总部，解决京东员工子女的教育问题。京东已经跟幼儿园进行品牌合作，在亦庄建立了一个 3000 平方米的京东幼儿园，这个幼儿园里面有国际班、双语班。京东还自主研发了三百六十度的全天监控系统。

案例 4：阿里巴巴的福利体系

阿里巴巴的福利体系包括三大部分，主要是财富保障、生活平衡保障和健康保障。

财富保障里面有蒲公英计划、彩虹计划、ihome 计划、小额贷款；生活平衡保障方面有集体婚礼、中秋礼、路程假、带薪假、幸福班车、成年休假，最典型的是阿里巴巴的“阿里日”——5 月 10 日。这是在 2003 年非典时期确定下来的，起因是当时阿里巴巴的一个员工被确诊疑似非典病人，杭州就有五百多个阿里巴巴员工和他们的家人朋友从 5 月 7 日开始被强制隔离。被隔离以后，员工只能通过互联网和家人联系及办公。全球客户打电话给阿里巴巴的时候，就会发现接电话的不单单是员工，还包括员工的父母、妻子等，这就是阿里巴巴的员工和他们的家属在一个恐慌的氛围中怀着对未来的信心、对阿里巴巴的信任在坚持工作。马云和阿里巴巴的高层非常感动，为了感谢所有的员工和家属的支持，就把每年的 5 月 10 日定义为“阿里日”。“阿里日”实际上就是一个公司开放日，每年都会有庆祝活动，举行集体婚礼。2017 年的时候，他们布置的是“三生三世十里桃花”主题。

案例 5：腾讯的福利扑克

每一个进入腾讯的员工都有五十四张牌的福利扑克。扑克里面有入职一周年贺礼、员工班车、家属开放日、腾讯排球协会、腾讯电影公社、员工餐厅、家属保险、腾讯音乐协会、腾讯足球协会、生育礼包、入职十周年贺礼、腾讯摄影协会、茶水间、结婚贺礼、q 宝、靓号、腾讯志愿者、腾讯健康咨询师、羽毛球协会、篮球协会、乒乓球协会、网球协会、安居计划、Q 币、舞蹈协会、带薪休假团队、建设活动、社会保险、住房公积金等。对五十四张牌有兴趣的读者可以去网上查一下。

4. 认可思维与正向激励

正向激励就是以信任、表扬、提拔等为主，负向激励如批评、罚款、淘汰等。两者各有各的价值，但是我们更强调正向激励，但正向激励不代表没有负向激励，要鼓励扬善，也要规避不善。根据“双因素理论”，激励因素其实就包括工作上的成就感、工作得到认可和奖励，工作本身的挑战和兴趣，工作职位的责任感，工作的发展前途、个人的成长和晋升机会等。

李锦记的创始人经常对高管说："需要表扬下属的时候你们再来找我，我去替你们表扬他。"表扬的方式有很多种，比如和员工握手，真诚地说一声"谢谢"，发一封感谢邮件或者写一张便条，甚至用手机短信群发，在局域网内去发祝贺短信等。

还有一些非正式的方式也很好。惠普有一个很有意思的奖叫"金香蕉奖"，就是一个工程师跑到一个主管的办公室里面，说困扰公司数月的一个难题终于被他搞定了。这个消息非常激动人心，但是当时主管正在吃午饭，不知道拿什么奖励他，突然间发现手上有一个自己午餐吃的香蕉，然后递给了他，说这个给你，做得真好！这个举动刚开始还让大家有点儿摸不着头绪，慢慢就变成了一种大家非常认可的奖励方式。后来，惠普专门设置了一个"金香蕉奖"，作为整个公司的最高荣誉奖。

还有像荣誉体系建设及价值观评价等不错的方式。比如荣誉体系建设，华为就是一个好例子。华为做荣誉体系建设的时候，经常会做蓝血十杰奖、杰出贡献奖、金牌员工奖、金牌团队奖、天道酬勤讲、零起飞奖、明日之星等。华为内部网站还有一个荣誉殿堂，把各种各样的获奖信息、优秀事迹全部都记录下来。

5. 价值观评价

阿里巴巴的"六脉神剑"、京东的价值观积分、华为的劳动态度评价，这些都是价值观评价的方式。

阿里巴巴的"六脉神剑"，大家应该都比较熟悉，包括客户第一、拥抱变化、团队合作激情、诚信敬业等。阿里巴巴其实也有一些自己的评价标准，1、2、3、4、5 每一个等级对应不同的分值。每季度考评一次，价值观考核占到员工综合考核的 50%。员工也会去对比，领导们也会做沟通。当然，阿里巴巴在做价值观评价的时候，也没有停掉业绩评价，而是采取了双轨制或者九宫格的方式，但不单单是九宫格，还设了十八个区，然后每个区里面对应不同的方式。

京东有一个价值观积分卡，每个季度是一个周期，每个季度有三张卡，当季就必须发完，没有发完就作废。一个季度里面不能重复发给同一个员工，可以发给本部门和协同部门的同事或下属，但是严禁发给上级。不同职级的积分卡的分值也不一样，发完积分卡后每季度也要做一些评比，评比完了以后还要提关键的事迹。这跟阿里巴巴的双轨制的价值观评价不太一样，京东的价值观积分就是有奖励，直接可以 1∶1 地兑换奖金。

6. 华夏基石全面认可激励体系

在企业实践的基础上，华夏基石通过提炼整合，以及从理论逻辑上完善，2014 年提出了全面认可激励体系。全面认可激励模型分为六个模块，包括关爱认可、绩效认可、行为认可、成长认可、忠诚认可、管理改进认可。

关爱认可主要是认可员工的入职日期、生日、结婚纪念日、节假日等，给员工做一些认可评价和绩效评价。既可以对日常的一些表现进行评价，也可以对过程进行评价，还可以对结果进行评价。全面认可激励也可以跟企业的绩效管理体系构成一个相辅相成的存在。

行为认可就是要列一个正面行为清单，当做出正面行为的时候，就要给一个评价。

成长认可就是鼓励员工去参加培训、微课程，自我学习，自我成长。

管理改进认可，包括创新认可、合理化建议、集思广益认可等。

华夏基石提的六大认可模块有一些需要注意的事项，比如尽量以正面评价为主，避免负面评价。

任何评价都是以精神激励为主，结合物质激励；以行为评价为主，业绩结果为辅；以即时评价为主，周期性的评价为辅。技术评价一定是要和信息系统结合的，一定要以信息化的手段来实现。这大概是我们讲的全面认可，实际上刚才提到的全面认可整个信息系统里面也包括几个模块，比如“个人中心”、积分商城、任务广场等。相当于每个员工有一个页面，然后在这个页面里面根据公司构建起来的管理规则去获取积分、兑换奖品等。

我们在为企业做全面认可咨询的时候发现有两个要把握的原则：一是全面认可激励要倡导公开透明。整个管理认知和思维要做一种转变，过去控制和约束的机械的管理思维要变成一种开放、民主、平等的互联网思维。二是极力强调认可，强调激励。关注每一个员工的日常行为，通过认可、赞赏、点赞等形式，让员工随时得到认可、得到关注，提高员工的存在感。也可以通过一些积分任务抢购 PK 的方式，把工作娱乐化，这个任务可以结合一些游戏化的思维，让工作充满趣味，实现娱乐工作，快乐奋斗。三是评价认可激励要能承接公司的目标和文化价值体系，引导员工自我驱动。

总的来说，全面认可激励一定是全方位、多元化的价值导向。鼓励认可评价多元化，人才服务个性化。通过各种各样的激励套餐兑换计划、商品清单的设置来让每一个员工有“个人套餐的自主化”，然后去满足人才服务的个性化和多样化的一些诉求。全面认可激励模式强调体验感和场景感，强调工作和非工作、物质和非物质、经济和非经济等多种要素的认可；强调以人才为客户，构建系统化解决方案，强调客观公正及时触发的方式。这都是认可激励真正要落地的时候需要注意的手段。

全面认可激励是一种实践，也在实践中不断优化。随着对全面认可激励研究的越来越深入，我们发现其实全面认可激励不单单是一种方法，更多的是一种思维。在一个全面认可的观念之下，管理者要转变思维，要从传统的静态机械世界观升级到动态的量子世界观，从可变的组织思维升级到可感知的心灵体验思维。

去日本访学对我触动很深的一句话是：心有善念，善言善行。我也希望全面认可的思维，能够给各位一线的管理者带来一些新的思路、新的方法、新的技巧；善念善行，解放思想，激活组织，激发人才的正能量。

六、人才经营是后阿米巴时代的经营基石

文/李志华

经营企业就是经营人才，经营人才就是经营人心，培养经营意识和经营才能的人才是企业成功的基石。经营人才的特征是文化上的认同，价值上的核算。

自从日本稻盛和夫所创造的阿米巴经营被引入中国以来，我一直在研究和推进阿米巴经营在中国实践落地。特别是最近几年，在与企业家交流过程中，我发现大家对阿米巴经营比以往有了更加深入的理解。但是在实践中遇到的问题越来越多，疑惑也越来越多，如阿米巴经营是否适合中国，阿米巴经营如何实现在中国本土化，则是我们一直探讨的话题。

事实上，阿米巴在中国企业的实践过程，是一个学习、发展、创新的过程。管理就是实践，任何一种经营理念或方式方法只有紧密地结合实际、适应企业发展的需求，所谓落地了、接地气，才能具有与时俱进的生命力。

（一）阿米巴经营在中国

1. 阿米巴经营在中国传播实践的三个阶段

第一个阶段是“伪阿米巴经营”。2012 年前，有人认为阿米巴经营就是分田到户，就是家庭联产承包责任制，就是划小核算单元。但这些类似于阿米巴经营的管理模式其实并不是真正的阿

米巴，这个阶段有很多企业就是简单地划小经营核算单元、“内部承包”，短期也收到了效果。但是时间长了，“各自为政”“恶意竞争”的现象屡见不鲜，造成很多企业混沌迷茫。这种片面理解或者践行阿米巴经营中的一部分就说自己企业在实施阿米巴经营，当然最终效果也不好。这个所谓的阿米巴经营，我称为“伪阿米巴经营”。

第二个阶段是“否阿米巴经营”。2012—2015 年，国内兴起了阿米巴学习热潮，到日本游学，在国内开培训班、办研讨会，在此期间，中国真正成功践行阿米巴经营模式的企业并不多，零星几个所谓成功的企业也是中日合资企业。这个阶段引起很多企业家的思考。通过不断的培训“洗礼”，考虑到中日文化的不同、员工的生活压力不如中国大等原因，就一味否定阿米巴经营在中国实践，中国企业不适合搞阿米巴经营。

第三个阶段是“疑阿米巴经营”。2015 年以后，随着阿米巴经营在中国不断地“改造实践”，出现了一批在某些方面做得不错的阿米巴经营企业。在 2017 年世界盛和塾大会上，有一家中国的企业第一次进入大会分享，它就是链家地产。链家代表中国企业走到日本，而且能够在世界盛和塾大会上分享，极大地激励了国人，被认为中国本土企业第一次实践的成功。2018 年，技研新阳，这家来自东莞的企业不但到世界盛和塾大会上进行分享，而且获得了最高奖项。在全球经济不景气的情况下，技研新阳于 2018 年做到了 180 亿元的销售收入，保持着快速增长。

中梁地产也在阿米巴经营实践方面取得了成功。近几年，中梁地产的发展速度非常快，实现了从 300 多亿元到 700 多亿元再到 1300 亿元的三连跳，已经在香港地区上市。中梁地产把阿米巴经营和同创共享机制有效地结合起来，成为地产行业的一匹黑马。其他企业还有慧聪、赛亚飞等，都在阿米巴经营实践中取得了可圈可点的成绩。这些企业的最佳实践使我们感觉到，在中国实施阿米巴经营不但有可能，而且还会成功。

我把阿米巴经营进入中国以来的三个发展阶段（伪阿米巴经营、否阿米巴经营、疑阿米巴经营），看作是阿米巴经营的第一代。

2. 数字化经营使中国进入后阿米巴的第二代

随着全球经济下行，低速增长成为新常态。在数字化、智能化的精益生产时代，虽然一些企业已经走上了阿米巴经营实践的成功之路，但是更多企业还在彷徨之路上。数字化时代阿米巴经营到底能不能在中国实施，阿米巴能不能在中国落地，还有更多的企业存在疑惑。这个后工业文明时代，我们称为“后阿米巴”时代，这个时代的特征就是数字化、智能化、精益化、低速化。企业对创新、成本费用控制需求越来越重视，这个时代越来越多的人会愿意深入理解阿米巴、相信阿米巴、实践阿米巴，也就是“信阿米巴经营”阶段，但是我们绝不是照搬日本的阿米巴经营模式，我们要基于中国的国情，基于企业的实际，把阿米巴经营本土化、本司化。

（二）企业为什么要引入阿米巴经营

1. 阿米巴经营

阿米巴经营就是在正确的经营理念指导下（这是前提），将组织划分成一个个小团体，通过独立核算、自主经营并加以运作，以实现内部培养出具有经营意识的人才，实现全员参与的经营模式。

这里面有以下几个要点，大家一定要关注。

第一，阿米巴经营要在正确的经营理念指导下，如果没有正确的经营理念指导，你实施的阿米巴经营仅仅是一种核算，是一种划小的经营单元，这并不是阿米巴经营的全部。

第二，将组织划成一个个小团体进行独立的核算，将组织划分得越小，就越容易核算，越可以量化，所以我们经常讲划小核算单元、实现价值量化管理就是这样的道理。

第三，通过独立核算的过程让公司培养出具有经营意识的人才。什么叫经营意识？经营意识就是做任何一件事情要达到什么样的结果，要依据成本和资源获取情况而取得更高的业绩结果。经营意识是数字化的核算（投入产出比）衡量。我经常到企业询问经营者昨天或者上个月的经营数据，如果经营者不能马上回答出来，我就认为他还不是一个完全合格的经营者，或者不是一个称职的负责人。

企业员工一定要有经营意识，全员参与经营，而不是一个人。我们经常开玩笑地说“企业雇佣了员工，只是雇佣了员工的一双手，并没有发挥已经雇佣了的员工大脑，员工的手创造的价值，却远远低于大脑创造的智慧”，这样并没有把人的价值最大化。基于这样的分析，大家就可以看出阿米巴经营是在正确经营理念的指导下将组织划小，进行独立核算，同时培养出大量具有经营意识的人才，实现全员参与的经营模式。

所以，企业导入阿米巴经营时一定要想明白为什么要导入阿米巴经营。我经常听到一些企业说“我们搞阿米巴经营的目的很简单，就是要增加利润”，或者说“我们现在的考核方式不合适，我们通过阿米巴经营来进行考核，阿米巴经营是一个比较好的考核方式”。如果是基于这样的目的，我想你搞的阿米巴经营很可能短期有效，但是长期肯定会失败。

我认为做阿米巴经营，企业的目的应是基于企业的追求与使命而激活人、激活组织，为员工创造物质与精神文明的双丰收。

华为公开发布的人力资源管理纲要 2.0 版，其核心就是激活组织的活力。**经营企业就是经营人才，经营人才就是经营人心，经营人心是基于人性。基于人性把人的价值创造最大化，就要追求员工与企业的物质与精神双丰收。**基于物质与精神双丰收的目的，我们把人的要素已经作为核心要素。彭剑锋老师提到未来是“灵活用工”，以前是以岗定人，未来是基于人的能力来定岗，人不是工具，而是目的。灵活用工就是基于人的价值，把人的价值最大化的新模式。只有在这种认知下，导入阿米巴经营才有可能会成功。

2. 阿米巴经营对企业的核心价值——解决企业持续经营的三个大命题

企业存在的根本目的就是要持续稳定地发展，获取高额的利润，最终为人类和社会创造价值。反过来讲，企业要获取高利润，无非就是两个方面：一是收入怎么增长；二是费用怎么减少。所以，我们要实现收入最大化，成本费用最小化。

改革开放40多年来，中国很多企业迎来了快速发展期，收入开源的方式很多，对费用和成本控制的概念比较淡化，企业更多的是找一些新的增长机会。但是，随着国内宏观经济和国际大事件的不断发生，如中美贸易摩擦、人民币升值等的影响，使中国在新的机会增长方面面临巨大的压力。在这种情况下，企业如何实现整体业绩突破，以及费用和成本的最小化就越来越关键了。面临外界机会的不可控，企业可控的是管理效益，如通过精益生产、精益管理、精益核算来降低成本，提高效益。

一直以来，对费用和成本控制方面是日本企业的生命线，而中国企业过去更多的是关注销售收入的增长。到了后工业化的今天，中国已经进入低速增长的阶段。面临新的变局，中国企业在关注销售增长的同时更要关注成本。

阿米巴经营对于中国企业的价值何在？我认为是解决了企业持久经营增长的三个大命题及伴随对应的三个小命题。

企业经营持续增长要解决以下三大命题。

第一，企业不但要做大做强，还要跨超生命周期——做久。在日本150年以上的企业超过26000家，而中国由于种种因素很少有百年企业。在基于做大做强做久的逻辑下企业到底有什么样的方向和目标?

第二，企业要做久，我们就需要培养与企业家经营理念一致的、志同道合的经营人才，怎么做?

第三，要构建企业的经营机制，真正能够把企业激活，才能实现短期收入最大化，成本费用最小化。长期来讲，永续经营，为人类和社会做贡献，如何去解决?

回应三大命题，导入阿米巴经营要解决的以下三个小命题。

第一，基于企业长久发展的经营哲学，我们要思考永续发展的经营哲学到底是什么。

第二，构筑真正的事业命运共同体的人才机制，特别是华夏基石讲的事业合伙人机制，有很多企业都实施着不同类型或者类似于合伙人的机制。

第三，把大企业做小，小企业做活，激活小企业的经营机制，实现全体员工参与的自主经营。

通过三个命题实现企业经营的根本，达到企业永续经营的目标，实现企业与员工共同的成长。

这就是我认为的阿米巴经营对于中国企业的价值，也是阿米巴经营在中国企业实践的背景。

（三）阿米巴经营与人才成功

1. 阿米巴人才成功方程式

选人比用人更重要，能够成功的人是具备一定特质的。稻盛和夫是基于对人性的把握，得出人生成功方程式。这个方程式就是:

人生成功方程式＝思维方式×热情×能力

思维方式、热情和能力之间不是简单的加号，而是乘号，也就是说，缺少三个要素中的任何一个，最终都会是零。

人生成功方程式的第一个关键要素是思维方式。

热情和能力都是 0～100 分，但是思维方式是 -100～100 分。思维方式的本质就是善与恶，人可以自私，但是绝对不能害人，善就是一种利他精神。什么是利他精神呢？从稻盛和夫的经营哲学的起点“作为人，何谓正确”来思考，最终得出四个字——敬天爱人。敬天就是要遵守规则，敬畏规则，爱人就是利他思想，多做善事。只有敬天爱人，利他经营才是正向思维。那种自私自利，特别是损己害人的负向思维是绝对不可以有的。如果有这种思维方式，就会得负分，这种人能力越大，破坏性越强，我们要坚决制止。《奋斗者：侯沧海商路笔记》这本书中有一句话：价值创造有一个悖论，越是从利己动机出发就越不能达到利己的目的，反而越从利他的动机出发，就越能达到预期的经营成果。所以，思维方式对于不同人有不同分数，也就是 -100～100 分。

人生成功方程式的第二个关键要素是热情。

2012 年，稻盛和夫在世界盛和塾大会上跟塾生分享他成就日航秘诀的时候，当时下面至少有 5000 个听众。关键时刻，大家屏住呼吸，竖起耳朵想听到灵丹妙药，可最后稻盛和夫讲的是什么？叫“燃烧的斗魂”，也就是如何激发日航的员工。上到日航的社长，下到日航的乘务员，激发他们“燃烧的斗魂”，激发士气；树立他们强大的自信心，认为自己可以做得很好，一举扭转低沉的士气；让员工发自内心地爱自己的工作，认为自己可以做得更好。在激活员工士气后才实施所谓的阿米巴核算，了解日航亏损的原因并及时采取针对性的措施和导入阿米巴的核算，使日航从亏损严重的国有企业变成世界盈利性最强的航空公司。

人生成功方程式的第三个关键要素是能力。

员工的能力需要自己不断地修炼和学习，也需要对员工赋能，让员工的能力有所提升。员工的能力到底是什么？我认为是四个字——授权赋能。什么意思？我认为要通过授权，在实践中提高员工的经营能力，并不断地给员工以支持，培养员工的经营意识，最终达到阿米巴经营人才培养的目标。通过授权赋能能够提升员工能力，培养员工利他的思维方式和“燃烧的斗魂”，再加上具有强烈的经营意识，这种人不成功才奇怪。

人生成功方程式是一个基本点，它也是阿米巴经营与人才成功的出发点。通过人生成功方程式，让员工知道人生成功的关键因素，提高员工的心性，成为具有正向思维的人、积极向上的人、强烈成功愿望的人，从而实现个人与企业成功的双赢局面。

2. 培养经营人才

阿米巴经营有一个“共同目标”，培养全体员工的经营意识，让全体员工共同参与经营，群策群力，达到一个共同的事业目标。阿米巴参与经营的方式有以下两种做法。

第一种做法是每天都有晨会。晨会就 10 分钟，这 10 分钟的晨会怎么开？3 分钟讲经营哲学，今天你讲，明天他讲，你可以讲生活中反映出经营哲学理念的一个案例，也可以就把经营哲学里面的一句话念一遍、背一遍。通过这样的训练，慢慢地整个经营哲学理念渗透并固化到脑海中，并在行为中不断地践行。剩下的 7 分钟就是讲昨天阿米巴经营单元的单位时间附加值数字，就是“（收入 - 费用）÷工作总时间”得出的数据。通过数据反映出的问题来考虑今天如何有针对性地改善？如何去实施？不断地思考收入最大化，成本费用最小化，来提高经营结果（单位时间附加值）。

第二种做法是开“空吧”。每月选择一个下午或者晚上，尽量全体员工都参加，大家可以一起喝酒、一起唱歌，可以对公司经营中存在的问题畅所欲言，发表自己的想法，好的建议可以直接采纳并在实践中实施。

很多公司每个月才开一次经营分析会，有的公司是一个季度才开一次经营分析会，而阿米巴经营要求每天都开一次经营分析会（时间很短，针对性很强，效果明显），每天都进步一点点，日积日高，这样的管理模式能够快速地发现问题、解决问题，提高组织效能，让所有员工关注经营、参与经营，并为经营献计献策。

案例：庆丰包子铺

庆丰包子铺是一家国有企业，现在全国有 350 多家门店。虽然它并没有完全实施阿米巴经营，但是有类似于阿米巴经营的机制。假设一个店铺一天营收 1. 8 万元，每个员工都有 10 元的奖励。如果一天卖了 2 万元，每个员工有 15 元的奖励；如果卖了 2. 4 万元，每个员工就有 20 元的奖励。

每天下班，庆丰包子铺的员工都会问今天的经营结果（业绩）。如果经营得好，他们会互相鼓励；如果经营得不好，他们会分析原因，争取明天改善。这样就做到了人人关注经营，人人参与经营。日经营结果的激励是大家共享的，人人有份，月底的时候，他们会核算单店的利润，核算完以后把一部分超额利润奖励给创造价值、绩效较好的人员，非全体员工共享。这种差别化的分享机制使大家都积极主动地参与经营，主动经营，愿意探讨解决经营过程中出现的问题。

（四）阿米巴经营人才的培养方式

1. 阿米巴经营人才培养四步法

阿米巴经营单元划分的大小和多少与经营人才，特别是阿米巴巴长的数量和质量有关；培养和提拔具有经营意识的人才，不论是年龄和资历，只要有实力就能担当领导。企业要建立人才培养机制，不断加大人才培养力度。经营人才培养分四步，具体内容如下。

第一步是给机会。要给年轻人更多的机会，因为很多人是没有机会而得不到成长，给员工一个机会，根据他的能力大小，先给一个小的阿米巴，做到一定程度再给大一点的阿米巴，过段时间根据潜力再给更大一点的阿米巴。给机会，把机会给员工，让员工在实践过程中感觉到“我行”。

第二步是树信心。在给机会的过程中，让一部分成功的人慢慢地建立信心。没有哪一个人天生就是经营者，自信是不断积累的过程。让潜力者先经营小的阿米巴，员工积累了一定经验以后再分一个大的、复杂一点的阿米巴，让他们在岗位中得到锻炼，在成功中树立信心。

第三步是挖潜力。要创造环境，特别是授权赋能挖掘员工潜力。有些问题需要员工自己主动去思考，学会思考问题、解决问题，学会用数据去经营分析，学会对数字敏感，这样才能真正挖掘个人的经营潜力。通过差距发现问题，通过差距发现员工解决问题的潜力。阿米巴是从交付到交易，交付只是简单地提供产品数量；交易提供的不仅仅是产品数量，还要考虑产品质量、客户的喜好、产品的价格。合格产品数量乘以单价，这就是交易。通过这样的经营方式，逐步树立起员工的经营意识，让年轻人的潜力发挥出来。

第四步是建人格。最终我们要建人格。为什么？好人格才能生产好的产品。真正挖掘潜力建立人格是在培养员工经营意识的过程中追求员工物质和精神两方面的幸福，并为人类和社会做出贡献的经营大格局，要提高经营者的人格魅力，提高他职业化的能力和个人的素养。使他真正成为企业的经营业务伙伴，而不仅仅是管理者或者工作者的角色。

我们通过给机会、树信心、挖潜力、建人格四部曲，最后实现了阿米巴巴实施过程中的人才培养。

2. 阿米巴巴长的9项必备技能

阿米巴巴长的数量和质量是阿米巴巴实施效果的有效保障，每个企业要建立一套阿米巴巴长的技能标准。因为企业不一样，标准也不一样。一般来讲，技能标准有以下几个方面。

第一，拥有独立解决问题的能力。阿米巴巴长能够自己思考，能够小范围决策，能够及时发现问题，并能够有效解决问题；发现问题是水平，解决问题是能力。如果在经营过程中，遇到问题不能及时解决就会耽误业务的发展，最终会影响单位时间附加值的核算。

第二，在经营过程中要改变思考方式，有微创新。比如经营单元的收入如何最大化，成本费用如何最小化，常规的手段是做到一定程度后就很难再有提升空间了。在这种情况下，需要改变思考方式，用点点滴滴的微创新来实现收入最大化、费用成本最小化，这就是改变思考方式的能力。

第三，速度时代，把握机会的能力。增长是由机会增长与业绩增长组成的，企业在不断精益求精的精益生产过程中，业绩增长的潜力会越来越低，而机会增长会变得越来越重要。作为阿米巴巴长要有洞察机会的能力，要不断发现新的机会来改善现有的经营业绩。

第四，要有持续学习的能力。现在社会发展的速度太快，每天更新的内容也多，而且你要不断地获取外部的信息，人与人之间的智商差别不大，所谓的聪明差别，关键是别人比你学习的多一点，或者其他人持续学习的能力比你强一点，在某一方面比你强一点。阿米巴巴长要有持续学习的能力。

第五，正向思维的能力。这种正向利他的思维方式已经跟大家做了很多解释。利他思维在现实中是你越利他，越容易成功；你越自私，越不容易成功。这种利他思维产生的力量是巨大的。

第六，危机处理能力。在经营过程中，面对不确定的因素很多，灵活应变的危机处理能力是阿米巴巴长必备的技能，在经营过程中产生问题不必惊慌，沉着稳定进行危机处理。

第七，接人待物的能力。既然是阿米巴巴长，他一定是要带领团队一起努力。带领团队不仅仅靠权威，更是对人性的把握，正确地接人待物会事倍功半。

第八，营销能力。善于营销才能更好地做好经营，因为产品由简单地交付变成交易，要让内部客户或者外部客户不但理解你的产品，更要接受并采购你的产品，这样产品的订单才会越来越多。

第九，积累文化底蕴的能力。阿米巴经营强调的是哲学共有与价值核算的统一，没有正确的经营哲学指导下的经营最后都会扭曲变形。阿米巴巴长要有“敬天爱人”和“利他”精神，只有这种文化底蕴上孵化出来的能力才是正向能力。

（五）阿米巴经营的哲学与实学

1. 经营哲学和核算体系是不可或缺的

人才培养是导入阿米巴经营的前提和基础，阿米巴的导入不仅是哲学共有，还有价值核算、激励机制等。在中国，经常遇到一个问题，企业是先导入核算还是导入经营哲学？

实践证明，纯粹导入经营哲学不搞核算，这在中国是很难见效的，就如任正非所说，天天讲经营哲学，不搞产品开发，不搞客户开发是不行的，纯粹的经营哲学是没有价值的。只导入经营核算而不导入经营哲学，会不会有效果呢？中国很多企业确实这么做的，短期效果明显（成本下降、利润增加），但是背后隐含的问题也是致命的。很多企业管理还比较粗放，甚至连公司的账目都不清楚，所以稍微精细化的管理都会产生效益，这不是导入阿米巴经营产生的效果。另外，纯粹的核算导入会产生内部竞争，没有经营哲学指导的“竞争”会让大家越来越“自私自利”。没有“利他精神”，企业容易走向分割的小团体。

在中国导入**阿米巴经营，经营哲学和核算体系都要导入，因为阿米巴经营是以激发人的活力，通过群策群力来提高改善经营的**。因此，导入过程中可以根据企业的不同阶段、不同环境、不同时期来选择，是经营哲学简单一点、核算强一点，还是经营哲学强一点、核算粗疏一点。经营哲学是倡导员工的大局意识，利他精神，激发员工的活力；经营核算的目的是让员工了解经营情况，让经营数据玻璃般地透明，通过数据发现问题，改善问题，只有持续改善，达到精益目的，才能够实现最终业绩的提升，所以两者都要导入，只不过在不同的企业谁重谁轻有差别。所以，**经营哲学和核算体系是一枚硬币的两面，是你中有我，我中有你，而不是纯粹割裂的分开。**如果割裂分开会遇到很多的问题，会造成在最终实施过程中走样，形成所谓“伪阿米巴经营”。

2. 技研新阳的哲学与实学

位于广东东莞的技研新阳最近几年的发展速度非常快，2018年的收入是170亿～180亿元人民币，在中国拥有1万名员工，在国内有十多个办事处。他们主要是做液晶模组事业，包括信息管理系统校验事业，包括PCBI的组装事业等。这个公司在本土化了日本稻盛和夫阿米巴经营的基础上有效践行自己特色的中国式阿米巴经营，在以“以心为本，用爱经营”的经营哲学指导下，形成独特的TCC管理模式，并在2018年于日本召开的世界盛和塾大会上获得最高奖。

这家公司的发展分为两个阶段，一开始强调“家文化”的经营哲学，在公司里面的员工都不叫员工，都叫家人。这种文化能够产生凝聚力，给员工带来关怀和关爱，同时也强调改善经营业绩来提升业绩水平。面对不断升级的市场竞争，在精益管理的思想下又提出了“匠文化”。基于这样的文化形成了“家匠文化”，通过“家匠文化”提出了人本精益管理系统。

人本精益管理系统包括三个部分，分别是文化管理系统、精益生产系统、人才成长系统，也就是我们刚才讲的哲学共有文化。精益生产改进和阿米巴人才培养融入一体，提出了人本精益管理体系，这是把阿米巴经营的哲学和实践结合到一起的典型案例。

那他们又是通过什么样的管理体系使阿米巴哲学和实践落地，支撑企业持续健康成长，成为行业标杆的呢？他们提出了TCC管理法。TCC管理的过程，就是通过班组的文化管理机制，让员工能够快乐地工作，健康地成长，最终目标是实现全体员工参与经营，使公司的业绩提升。

具体怎么做呢？通过TCC的建设，首先是保持了员工激情，通过TCC的关怀让每个员工都爱上自己的工作，并保持自信和追求；其次，不断树立阶段性的目标，不断地挖掘员工的潜力，不断地保持工作的动力；最后，保持学习的热情，要敢于承认错误，追求完美。不承认错误就是一种错误，要敢于追求完美，要拥有感恩生活的心。

TCC班组文化管理机制的大致过程如下。

思想上爱上工作，保持自信心，经常树立阶段性目标，不断地挖掘自身的潜力；保持学习的热情，承认错误，追求完美；拥有感恩生活的心情。通过建立自信、树立目标、学习改进三循环，保持员工积极向上的状态。

在行动上要激发你的激情，工作过程中要求每个TCC小组都保持乐观的阳光心态，而且要充满干劲，不断进取，反对安于现状。要保持快乐工作，以自身的热情感染周围的员工。你的工作很努力，你周围的员工都不好意思不努力工作。它强调用自身的热情感染周围的同事。另外，它有一个迅速执行计划，克服拖延，凡是拖延的人他们都觉得是不可以的；或者只要你拖延，你就会有很羞愧的感觉。工作从小事做起，比别人多做，多留心一点。从行动上自我反省，打破惯性思维，碰到问题以后不回避，别为失误找借口，要敢于承认问题，所以是真正从行动上迸发激情。

交往上要保持一种激情，要善于与同事合作，保持公平竞争之心。与客户建立友好信任的关系，同时作为一名优秀的沟通者，与同事、客户相处更加融洽，用你的激情去感染他人。

通过思想上、行动上、交往上保持热情，点燃班组的工作热情，通过文化管理，包括精益到人才培养的TCC管理的一整套模式，把阿米巴经营哲学真正地落实下去。让员工自主经营意识增强，不断地去承认或者改变过去的现状，提高自己的要求，使他们真正在这个行业中成为人人都是自主经营体。

（六）小结：阿米巴经营是先合后分

很多人认为阿米巴经营是“分、算、奖”（如何划分，如何核算，如何激励），但是我认为阿米巴经营首先是“合”，这种**“合”就是一种思想上的合。如果没有经营思想上的合，业务上的分是有非常大的风险，这样产生的危害更大。所以是从合到分，从思想上的合到业务上的分，**我认为能够把整个阿米巴经营的活力激发出来。

在这个过程中，讲哲学很重要。因为中国以前充满机会，大家做企业比较浮躁，强调速度思维，企业都希望通过上市，做独角兽，通过商业模式创新来做企业，期望速度快。所以对企业内部的管理，对人性的把控相对弱一点。这种急功近利、机会主义思维比较普遍。

在今天的环境里，机会主义者越来越少了。要重塑价值观，重塑我们对经营本质的认识。在这个过程中，企业的核心还是人，如何“经营”人才、激发人才显得尤为重要。

后阿米巴经营中国经营模式就是需要企业冷静思考，我们为什么实施阿米巴经营。当思考清楚后，在导入阿米巴经营的时候，就不会分割哲学共有、核算体系。这才是中国式阿米巴经营。

当然，中国每个企业在实施阿米巴经营过程中，应该基于自身的环境和条件，形成个性化的阿米巴模式。如海尔自主经营体、华为的铁三角、韩都衣舍的班组制，这样的阿米巴经营在中国才更具有生命力。

高绩效的来源就是用好激励机制的一体两面：一方面是认可和奖励，另一方面就是责任和约束。

（本文根据作者在“华夏基石管理评论读友会”线上社群分享的内容整理）

七、分钱是个技术活

文/张百舸

这些年企业分钱越来越多，很多老板也越来越舍得，但是业绩并没有明显的上升。为什么？分钱是一个技术活，很难。分了钱不等于有高绩效，不分钱万万不能，分不好更是伤心伤意伤企业元气。

（一）分配机制中核心问题与解决之道

问题一：到底要面向哪些人分钱？参考科技企业的“一九原则”

现在很多企业做薪酬计划，习惯像撒胡椒面一样做股权激励。这种股权激励计划在实践中常常导致治理效率明显下降，因为分钱的人多了，大家都是股东了，凭什么要去干活？中长期的激励计划、增量分享计划，到底要向哪些人分钱？怎么分？

解决思路：股权激励计划，特别是增量分享，激励对象的范围一定是缩紧的。人力资源有“二八原则”，很多科技型企业却是“一九原则”，10% 的人创造了这个公司 90% 的价值。那么，10% 的人到底是哪些人？最主要是那些能够在这个企业中提供一些创新服务的，能通过新思想、新产品、新客户给这个公司带来增值和价值的人群。

管理学者彭罗斯说，这些人提供的是企业家服务，创新工作对企业的增长非常有用，非常有益。**我们未来最需要激励的团队，就是能够为企业带来创新工作的，能够带来新增价值的职业经理人，或者执行层的经理人。**

问题二：怎样正确激励重点对象？重新思考薪酬激励的功能

一个企业的员工从人力资源的角度出发可以分为两类人：一类是正确做事的人，就是普通员工，因为要养家糊口就拿固定薪水，很多国外的雇员就是拿固定工资，不用做额外的或者增量的分享，这类员工只需要按部就班拿生活费养家糊口，这是正确做事的人。另一类是做正确事的人，就是执行层的经理人，这群人是企业未来激励的重点。怎么确保这类人做正确的事情呢？

解决思路：第一，要聚焦主航道，激励对象一定是战略执行层；第二，在公司确定的规则框架之内做事情，就是要守规矩，需要制定一些基本的规则；第三，重新思考薪酬激励的功能：**分钱是个激励因素，还是个不满意因素；分钱是为了让所有人满意还是让大部分人不要感到不满意？**

我们在一家客户企业做了一个有关薪酬方面的问卷调研，这个问卷结果显示：让一个人在这个企业满意的主要因素不是薪酬、不是工资，但是让一个人对企业感到不满意的最主要因素是工资。因此，可以反过来讲，薪酬会是一个不满意的因素。所以，我们在给企业做分配机制改革的时候经常跟企业干部、员工讲，**分配机制改革最主要的目标不是让大家都感到满意，而是让大多数人都不要感到不满意。**这样的话，整个分配机制的改革就有了效果，出了成果。

问题三：到底什么情况下才能够推动经理人做出高绩效？充分发挥激励的约束作用

经理人的绩效表现到底受哪些因素影响？激励机制怎么设计？约束机制怎么设计？我先分享一个案例：美的的激励机制。

美的跟华为不一样，华为是高激励带来的高绩效。**美的经理人的高绩效则是被压出来的，被逼出来的，被干出来的，不是被**

激励出来的，当然美的经理人的激励力度也非常大。

美的有一个“跳高文化”，对经理人来讲，如果实现了绩效目标，你的收入、位置都有了，但是如果你实现不了，达不到这个高目标，不光你的位置不保，薪水也会大幅缩水。每年美的事业部经理人之间的收入差距非常大，可以差十多倍。有的经理人可以拿到七八百万元，有的事业部经理人可能就只能拿到几十万元的收入，差距非常大。

我曾经问过何享健主席，这种“跳高文化”是不是对经理人太残酷了？他说他也劝这些经理人周末的时候打打高尔夫球，多顾顾家，但是他们不听我的，我对这个文化又不能否定，一旦把公司文化更改了，很多经理人的精力就不会在目标怎么达成上，就会在怎么博弈上，整个体系就崩溃了。美的是一个典型的通过压力机制，能够牵引职业经理人实现高业绩，从而推动整个集团公司业绩快速增长的一个很重要的典范。

通过美的的案例，我认为，**激励机制一定要与约束机制并重**。为什么？管理上的 X 理论、Y 理论大家都很熟悉了。我个人认为，在激励中反而要遵行 X 假设，假设人性本来就是贪婪且受欲望支配的。有句话叫作：“不贪的经理人，一定不会成为优秀的经理人。”我接触到的很多职业经理人都喜欢高消费，高消费才会有高欲望，高欲望才会有高压力。假设人的天性是懒惰的，需要被约束。这种约束一方面是要压、要逼，即所谓的高压力；另一方面就是要激励，激励本身就是一种约束。高绩效的来源就是用好激励机制的一体两面：一方面是肯定和奖励；另一方面就是责任和约束。**约束机制才是推动经理人干事创业的真正牵引机制。**

（二）激励与约束机制把握两个关键点

1. 心理预期

人的绩效行为到底怎么推动呢？2017 年诺贝尔经济学奖获得

者赛诺提到：一个人的行为受到三个条件的制约，有限理性、自控和社会偏好。不要试图控制一个人的思想，但是要影响他的行为。怎么影响他的行为呢？

经理人的绩效行为受认知、预期和偏好的影响，其中一个很重要的概念就是心理预期。激励机制及其实施规则就构成了经理人的心理账户，心理账户越明确，绩效行为就越清晰。偏好就是对待风险的态度，譬如有些企业针对身价过亿元的高管设计几百万元的年薪方案显然就毫无意义。

运用这个思想，我们也可以分析为什么高阶经理人不适宜实行年薪制？因为年薪制给予经理人的心理预期是“这是我付出基本努力所获得的收益”，引导其行为的主要目标是“如何降低损失”，这往往会对企业发展带来伤害。美的的利润分享计划导致事业部经理人之间的收入可能会相差十倍以上，这种机制就会引导经理人思考如何创造利润，而不是如何避免损失。

2. 价值增量分享

价值增量分享俨然已成为企业机制设计的大趋势。前面说过，经理人的核心责任是提供企业家服务。换言之，就是通过创新工作为企业创造价值（短期或长期），在财务结果上表现为财务效益以及企业市值的改善。因此，经理人尤其是核心经理人享有剩余价值索取权也是理所当然的。哈佛大学经济学教授理查德·弗里曼曾提出“分享的资本主义（Shared Capitalism）”概念，他们研究发现，企业实行分享机制后，劳动生产率方面，制造业可以提高8%～9%，非制造业可以增加10%～11%。

国内一些优秀企业也在推行经理人“增量分享”机制，但是成功的企业并不多。原因是多方面的，譬如有些企业实施业务单元（BU）利润分享，但是企业内部往往有大量的内部交易，你很难界定业务单元的利润增加值是不是与业务单元经营班子的努力存在很强的正相关，有没有“搭便车”的现象。更有甚者，有些业务单元负责人会大量压货给供应商，造成“数字利润或虚假利润”。凡此种种，单一的经营利润很难客观衡量经理人的价值创造结果。

3. 价值增量分享的 EVA 工具

EVA 是一种相对较为科学的经理人价值评价工具，它既关注短期价值创造表现又兼顾中长期价值创造表现，既关注组织绩效表现（重点在价值动因方面）又关注个人绩效表现。如图 2－3 所示。

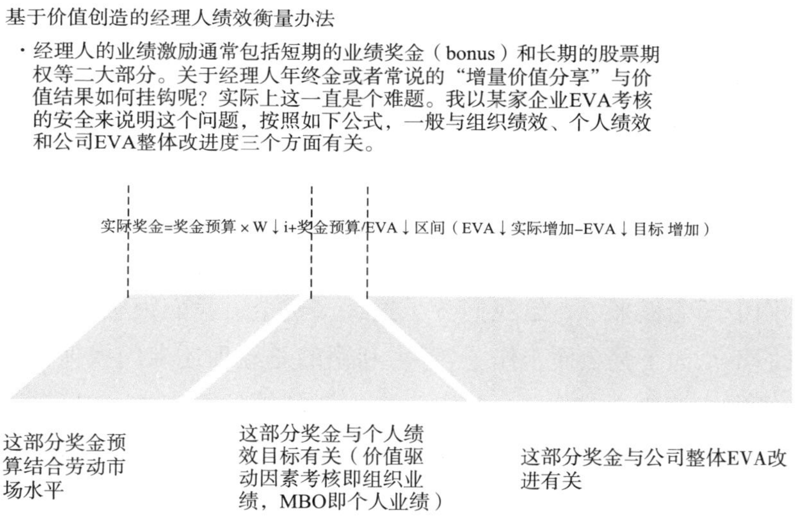

图 2－3　基于价值创造的经理人绩效衡量办法

实施 EVA 模式，一方面要做好内部的财务管理报表，即内部管理。当年美的为了做 EVA 考核，做了 25 个财务管理科目的改进，要很好地评价经理人的价值创造。如果做 EVA 的考核机制，首先是做好内部的管理财务报表。如图 2－4 所示。另一方面，要重视它跟奖金之间的挂钩关系。最终通过考核模式设计，引导职业经理人的高绩效行为，这是价值增量分享的本意。

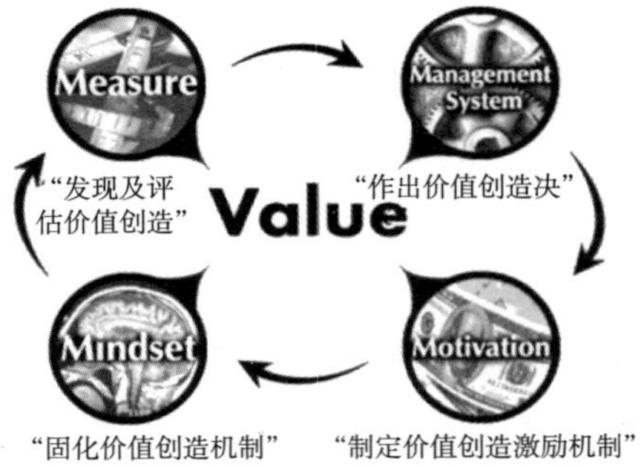

· 企业价值管理的“四步”：首先是结合企业实际，健全内部管理财务报表，并相应优化内部交易管理流程和规则。这部分工作可能会带来企业一定的管理成本，但财务管理必须转向经营管理成本，财务管理必须向经营管理转型已经成为一种趋势。健全内部财物管理报表一方面会倒逼企业加强全面预算管理，另一方面让枯燥的财务报表走向经理人的办公桌面。“当数据与个人收益紧密相关的时候，经理人不得不首先从报表中查看原因”。
· 建立基于价值创造的激励约束机制，引导经理人的经营管理行为，避免企业大了之后经理人为了复杂而复杂的经营管理行为。让所有的行为都回归到企业经营的本质，即如何创造价值。

图 2－4　EVA 模式

（三）国际化企业分配文化与国内的差异

1. “老板分钱让人力资源很难办”

我接触过一家科技型企业的客户。这个客户在前期并购了一家意大利机器人方向的公司，到年底的时候董事会按照中国企业的思维专门拿出了一笔资金来激励这家意大利企业，但意大利的员工说：“非常感谢老板，这么多年没有拿过这么高的年终奖金，你们中国老板来了，给我们分了这么多奖金，我们很感谢，但是我们不是为了奖金而工作。”意大利籍的总经理还专门找他谈话，总经理认为他这么分钱，让未来人力资源管理很难办，打破了他们的规则。**因为他们现在的工作，不是为了奖金而工作，是为了这个职业而工作。**这个董事长讲，这件事让他对分配机制如何改革有了很大触动。

2. 考核的主要目的是决定去留和升迁

很多国际化企业、外资企业实施的是即时工资，不是像我们考核是为了奖金。他们的标准就是时间，到多少小时就必须给多少工资，这个工资是按照合同来约定的。我们可以看到，有很多传统外资企业是没有考核的，即使有考核，他们考核的点跟我们现在考核的点也是不一样的。他们的考核主要是为了决定这个员工的去留和升迁，不是为了奖金。

3. 更重视福利

2020 年刚刚上任的谷歌 CEO 皮猜，他的工资结构就很简单，就是基本工资 200 万美元，然后是长效激励，股票的激励计划，加上一些福利方面的计划。

在国际化企业中，福利计划是薪资结构设计中很重要的组成部分。我们现在国内有些企业也在开始做这些福利计划的设计，特别是走向国际化的企业。比如华为非常重视海外人员的福利计划，无论是海外工作人员的津贴还是员工家属的福利。微软中国公司对茶点文化、福利文化、水果文化也特别重视，大家都觉得是很小的事情，但是他们很重视，这就给员工带来了不同的感觉。

（本文编选自作者在 2020 年新春论坛上的演讲内容，未经本人审阅）

第三篇　研讨篇

一、对话："冲上山头怎么分成果"

从华为看中国企业人力资源管理历程

文/彭剑锋　张建国

时代经营衍生管理新命题。华为人力资源管理发展是中国企业的一个缩影、一个典型代表：从解决"冲上山头怎么分成果"的实际问题出发，华为从《华为基本法》到纲要 1.0，再升级到纲要 2.0，说明华为对人力资源管理的思考是延续性的、体系化的和系统性的，也说明企业对人力资源管理的思考和建构是要紧贴时代的。

（一）经营衍生的管理命题

张建国：华为人力资源体系建设和公司成长的历程基本一致。

作为一个民营企业，华为也是从零开始、从小公司开始，凭着任正非的个人智慧，注册成立公司，靠代理别人的产品获得了第一桶金。后来，他不像别的老板有了钱就去搞房地产、炒股票，而是投入研发。

华为真正的人力资源管理是从 1994 年开始的，当时在销售部里成立了考评办公室，解决如何分配销售人员奖金的问题。“弟兄们冲山头，流血流汗，冲上山以后怎么分成果呢?”这是华为原始的人力资源管理的萌芽。

我从 1995 年开始做市场部考评办公室主任，这也是华为的人力资源管理的起点。开始的时候，我把问题想得较为简单，根据员工的销售业绩，奖金自然就可以算出来。但是，事实证明这并不是一件简单的事。

比如当时安排素质最好的销售人员到一些战略市场城市，在很难进入目标市场的情况下，销售人员可能没有业绩；对于一些相对偏远的城市，恰逢大力发展农村通信产品的时机，派销售人员过去，业绩都很好，这样奖金算下来差别悬殊。比如派到乌鲁木齐的工作人员奖金能拿到十几万元，而派到上海的人员奖金可能还不到 5000 元。如果按照这种激励导向，战略市场就没人愿意做，但如果进不了战略市场，华为无法达到市场的制高点，就永远是三流公司。

我们觉得这样的考核方法与华为的价值观不一致，却不知道应该如何考核才是正确的。还有其他类似的一些问题，所以我们请来了彭剑锋、包政、吴春波三位教授给华为制定销售人员的绩效考核制度，这是在写《华为基本法》之前的事情。

在考核制度中，不可避免地会考核等级问题，也就是给员工的评价结果分为几个等级。当时从国内外知名企业的绩效管理实践来看，他们的考核等级一般分为三个、四个、五个。

华为最早的考核制度是由彭剑锋、包政和吴春波设计的，我们当时使用的是五个等级法：S、A、B、C、D。每个等级都有比例的要求，比如 S 是 15%，模仿日本的生产制造体系。五个等级，强行做比例分配，必须按照 S、A、B、C、D 比例的要求做出来，而且一个月考核一次。

开始的时候，我们很认可这种考核制度，但是半年以后，为什么考核制度难以继续下去？每个月都得强制分布，D 必须得有，这时候就感觉到压力很大。考核是一把双刃剑，考核太严苛会损害员工的积极性。本来有的员工没有那么差，但是越考核越差，而且我们发现考核完，员工业绩没有太大的变化。

后来我们逐步演变，从月度考评改成季度考评，从五个等级变成四个等级，在工作中进行改进。这是最早的华为人力资源管理的起步，从 S、A、B、C、D 五个等级开始。

1. 从“秘书处”试点建立职业资格标准体系

1995 年我与彭剑锋老师合作以后，恰逢我国劳动和社会保障部有一个从英国引进的职业资格项目，希望在中国找两个企业做试点，彭老师推荐华为和北京外企人力资源服务公司做先期试点［注：1985 年，英国政府委托主要的工业机构开展职业教育研究，界定国家统一的职业资格内涵。1995 年，我国劳动和社会保障部将英国国家职业资格委员会（NVQ）文秘标准体系和资格证书作为首批引进项目］。华为对此很积极，我们去英国接受了学习培训。

英国国家职业资格标准体系，包含销售、技术开发、行政管理等职业类别。一个学生从学校毕业，走向社会以后就会进入职业资格识别认证体系，企业里有记录，有专门的督导和评估体系。当时我们学习后认为对华为着实有用。因为当时也有大批的应届毕业生进入华为，但普遍缺乏职业化意识，其实当时中国也是这种情况，职业化意识比较淡薄。企业对研发类、销售类、生产经营类的工作要求不同，培训时如何与他们的具体工作要求结合起来？我们觉得可以尝试做职业资格标准。

首先是从华为的秘书处开始的。1996 年华为已经具有一定规模，员工人数达 2000 多人，拥有三四十个秘书。我们发现秘书中学历越高者，反而工作干得越差，比如大专生干得最好，研究生干得最差。研究生进公司以后常常想着换工作，他们会忙于发展与领导的关系，希望去研发部门、销售部门等。对大专学历的学生来说，他们对这份工作很满意，所以就很投入、很认真地做事情。这种情况下，秘书们到底应该做什么，究竟什么样的秘书才是一个好秘书？

我们为秘书工作做了标准，分为1～5级。比如秘书打字的速度每分钟必须超过80字，熟练掌握Word、Excel等基本技能。除此之外，专门有一套标准体系，涵盖会议通知、组织会议、布置会场，会议纪要、文档归档。根据部门之间的共同机制，制定了秘书工作的五大模块，这使秘书工作具有了标准化。

有了标准以后，就可以评级。一级秘书需要考试，比如打字速度，没有通过者需要再次考试。从一级秘书到二级秘书可以涨工资，到五级秘书可以升职为部门经理。这样秘书就知道在哪些方面可以提升，不仅提高了秘书的技能，还打开了职业通道。这是华为对工作技能规范的要求及任职资格的体现，也是华为员工职业化能力建设的开始。

2. 华为成立了一个工资改革领导小组

在华为的那段时期，薪酬也没有标准，每个月每个部门都在申报给员工调薪，每个月我把调薪表交给老板，老板感到很头疼，批了心里不踏实，不批可能失去人才。后来老板要求不交那么多资料，只提供一张表，把评价说清楚。在这以前，公司也遇到了很多薪酬待遇方面的问题。因为员工多了，老板并不全都认识。不像公司规模小的时候，谁干得好、积极性高，老板都能看在眼里。

当时华为成立了一个工资改革领导小组，大概由30人组成，都是各个部门的负责人和人力资源部的人。工资改革小组工作了三四个月，每次讨论工资怎么改，但每次开会都没结果。因为每个人都觉得自己的部门很重要。比如研发部门认为，华为是高科技企业，研发最厉害，所以工资应该最高；销售认为能把差的产品卖出去，肯定是销售厉害；财务也不示弱，认为新招的会计是博士，未来很有前途，现在工资给得少留不住人。未来重要还是现在重要？未来和现在到底是什么关系？到底是人重要还是业绩重要？谁都没法判断，因为没有判断依据。

3. 岗位评估表

中国那时候还没有咨询公司，后来我去香港考察了 10 个公司，觉得合益集团（Hay Group）有一套比较好的方法。Hay Group 给华为最大的启发是人和岗位可以分开评价。

Hay Group 对每个岗位都有三张评估表，第一张表评价的是从事这个工作具备的基本的知识技能；第二张表评价的是这个岗位面对的问题难度；第三张表评价的是这个岗位应负的责任有多大。每一张表都有很详细的分数表，每个岗位通过三张表评估后有一个分数，比如 200 分，不同的分数区间对应有薪酬等级。这样就把人与岗位分开了，根据岗位的客观情况来进行评价，而且建立起了工资等级。人的工资应该是多少？与学历没有关系，只与岗位有关系。员工在这个岗位从事的绩效好，就可以调薪。

这是一项很重要的改革，前前后后用了两年时间，花了 100 多万美元，这在当时是很高的成本。再加上其他方面的投入，1997 年左右华为为建设起一套职业资格评价体系、薪酬体系花了 200 多万美元。

4. 华为构建这套薪酬体系的价值在哪里

当时的华为有 2000 人，现在有 20 万人，整个薪酬等级架构还是能用。如果这个薪酬等级架构没有这样的适应性，2000 人可以用，20 万人可能就用不了，就得推倒重来。对一个公司来说，这样的损害有多大呢？影响非常大。之所以薪酬体系不能用了，具体会反映在应该工资高的人，实际工资低；而应该工资低的人，实际工资高。

当把后者的工资调低的时候，一大批人就会离开，这会对公司的经营产生灾难性的影响。华为的薪酬体系是1997年设计的，员工的人数从2000多人增加到20万人，薪酬体系现在还能很好地使用。这个体系对后来华为的稳定发展、持续发展起到了关键作用。现在华为出来的人有两个标识：第一个标识是工号，表示这个人是什么时候加入华为的；第二个标识是等级，比如是18级还是20级，表示其在华为的岗位重要性与资格等级。

为了能够招聘到最优秀的人才，聘请Hay Group帮助华为建立了主要岗位的人才素质模型。当时Hay Group提出了18个素质词典，是一套方法论，也是一套体系。素质模型很重要，华为每年都要招毕业生，1998年招了3000人，1999年招了5000人。一个人除了要具备专业能力外，还有很多潜质。怎样挖掘人的潜质？当时华为做了素质模型，每一个素质分3～5级，以研究个人的素质。我们把表现最好的和表现一般的分为两组，对这两组人的素质差异进行对照，并分析业绩优秀组的人的主要素质特征，并建立相应的素质模型。

华为在1997年前后做了研发人员的素质模型、销售人员的素质模型。其实当时做完并没有实用性，后来又请当时香港大学的张志学博士来做进一步的实用性研究，现在张志学是北大光华管理学院的教授。华为这一套素质模型标准从1998年开始到现在一直用于校园招聘和社会招聘的标准，对华为挑选更多有未来发展潜力的人才起到了巨大作用。

经过3年多的努力，华为逐步建立起一套人力资源管理体系，包含绩效考核、薪酬、素质模型、招聘管理、企业文化培训等。对很多中国企业来说，在建立职业化的过程中首先要学会方法论。没有学到方法论，基本动作都不会，怎么实施有效的管理呢？当时在华为有大量的员工培养、考核、管理，有这套标准体系非常重要。否则，怎么能管理好这么多高智商的人？在华为工作 3 年以上的人，出来以后“气味”是一样的。华为确实是把西方的管理方法落地了，而且结合了中国文化的特质。

（二）知本论与干部能上能下机制

张建国：《华为基本法》里面有知本论，知本论不是虚的，而是真实的。华为招了大量的毕业生，他们到华为一年以后就给配期权，就是把知识变成资本，就是知识的投资。每年大批的学生毕业后到华为，他们来时只有几箱书和衣服。华为把他们的知识变成了资本，这就是知本论。华为就是运用知本论不断地吸收优秀人才。

一个企业的人才机制、激励机制究竟有多重要，可以从 20 世纪 90 年代涌现的中国通信行业四大巨头“巨、大、中、华”的发展演变中去体会。“巨”是巨龙通信，当时是以学校为背景的研究机构，第一个开发了大容量局用程控交换机，但是没有企业化的运作机制，所以第一个倒下了；“大”是大唐电信，是国有企业，缺乏良好的市场竞争机制，相比较而言，它的发展很缓慢；“中”是中兴通讯，是市场化的运作，是上市公司，公司高管才有期权，员工是没有期权的，缺乏前赴后继的全员创业精神，公司的核心竞争力在不断退化，现在就业绩而言，它已远远落后于华为。

从某种程度上来说，华为走到今天，与它很早就建立了科学的激励机制及管理体系是密不可分的。

当时任正非在内部经常讲“循环理论”。他说：“华为能发展，首先是这个行业给了我们机会；我们抓住这个机会以后，又引进了很多人才；我们把这些人才用好，把他们激励起来以后，又获得了产品的开发，生产出产品；最后获得更大的机会。是这样一个循环的过程。”

任正非既不懂技术，也没有客户关系，但是他在企业经营与用人方面非常有远见。

华为的核心价值观是以客户为中心、以奋斗者为本，长期坚持艰苦奋斗，敢于自我批判。当年任正非带领的是一批一无所有的人，大家接受了很多的社会主义教育，比如学雷锋、焦裕禄等，所以特别能吃苦。

华为以客户为中心，这一点做得非常好，知道客户的需求是什么。比如早期一个邮电局的科长到深圳考察，任正非亲自下厨招待。其实旁边就有大排档，费用也不高，但是老板亲自下厨做饭招待的感觉是不一样的，这就是注重客户的感受。再如，华为只有一辆车的时候，如果任正非要出去，同时来了一个客户，那毫无疑问车是要去接客户的，这就是华为企业文化的具体体现。

在华为有一个非常重要的历史里程碑事件，就是市场部的集体大辞职。市场部集体大辞职的行动，开创了“干部能上也能下”的先河，为华为建设系统化、规范化的管理制度开了一个好头。

事业要轰轰烈烈前进，跟不上队伍的人就被淘汰，这很残酷，但又是必须做的。建立了干部能上能下的进出淘汰机制，这一点对于华为后续的发展起了一个非常重要的作用，在后来管理者培训的时候也是作为必修的一门课，灌输干部能上能下的企业文化的内容。这是在华为一个非常重要的历史性的里程碑事件。

很多公司都会经历这么一个阶段。就是企业初创的时候，更多的是靠情感凝聚，靠个人能力突破；但是到了一定发展程度的时候，需要依靠团队的能力，依靠制度的力量，依靠新的知识能力，所以管理者需要新陈代谢。能不能适当地调换创业元老，让更加职业化或能力更符合新的发展阶段要求的人担任管理者，关系着企业能否跨越成长之坎，进入新的、更高的发展阶段。

彭剑锋：张建国既是华为人力资源管理体系的主要建设者，也是华为先进的人力资源管理理论受益者。他在华为的亲身经历具有典型性，也很有说服力。

华为有战略动力机制，解决了长期激励的问题，解决了与员工利益共同体的问题。同时，华为所从事的产业是巨大的高成长产业，给企业带来了巨大的成长空间，这就是“水大鱼大，水好鱼好”，华为或是赶上了好的时候，赶上了中国通信行业高速发展的时期。

中国经济高速发展，时代造就了华为，时代造就了一批优秀人才到华为去创业。当然，时代也造就了任正非这种企业家的创业精神。舍得给，承认人才的价值创造；给人才以回报。所以，有那么多的优秀人才愿意加盟华为。

一是华为有理念；二是两手都要硬：一手是钱，一手是愿景、目标、文化，所以才能吸纳那么多人才。仅有钱，走不远；仅有愿景，太“空”，也走不动。人才不可能留下来。解决了待遇的问题，有了动力，这是硬的方面；软的方面是解决了人的使命感的问题，让人有激情。

华为从20世纪90年代就建立了非常强的人才专业体系，这是华为组织能力的根本。其他公司的人才出于老板个人的主观评价，依靠若干能人，而不是依靠系统，不是靠专业化和组织能力取胜。华为真正实现了从个人的成功到企业的成功，从企业家个人的智慧到团队的智慧，从个人的能力到组织的能力，从人力资源的人事行政到人力资源的专业化。所以华为的发展史代表了中国优秀企业的成长历史，某种程度上也代表了中国企业人力资源管理发展的历史，同时也是在模仿学习基础上的创新。

（三）《华为基本法》对人力资源的顶层设计与战略思考

彭剑锋：《华为基本法》诞生的背景是什么呢？在《走出混沌》一书里有详细的阐述，这里简单介绍一下。

当时，华为正处于高速成长过程中，营销网络的建设与人员管理问题变得十分突出。华为的营销体系是典型的自建营销网络体系，其优势是贴近终端、反应速度快，能够为客户提供有效服务。但是随着网络的扩张，营销网络与人员的管理变得日益复杂，如何对营销人员的业绩进行有效的评价并及时激励，成为当时亟待解决的问题。张建国时任华为副总裁，主管营销系统的人力资源与干部考评。我带领专家小组先从考核薪酬、营销队伍建设开始。第一个项目是销售人员的考评体系与销售队伍的管理模式。

当时，中国通信市场需求急剧增加，市场成长潜力巨大，对通信设备的需求处于饥渴状态。华为的主要经营问题就是如何抓住市场机会，运用超常规的市场运作手法抢占市场先机，迅速扩大市场份额。彼时，华为已经有上千人，每年有十几亿元的销售额，市场的扩张是企业的主要矛盾。华为面临如何从农村市场向城市市场转型的问题。

市场的迅速扩张带来了企业对人才需求的增加，机会牵引人才，华为实施了掠夺性的人才策略，员工数量成倍增加。当时，任正非告诉中层干部一句话："先封你一个团长，你有了团长的头衔，就要努力按一个团的编制去招兵买马！"由于市场空间足够大，企业在高速成长和发展，华为对人才的消化能力很强，但员工队伍的急剧膨胀给华为带来了一系列的管理问题。

从创业伊始，任正非就有很强的人才资源意识。华为是深圳企业中最早将人才作为战略性资源的企业，很早就提出了人才是第一资源，是企业最重要的资本的观点，这在当时具有很强的超前意识。很多企业当时乃至现在还停留在人力成本控制的概念上，而任正非在很早就提出了人力资本优先于财务资本增长的观点。华为独特的人力资本优先意识与知本论，现在看来仍具有超前性。

华为在人才使用上，特别注重员工内在素质与潜能的培育与开发。华为的人才招聘倾向于刚毕业的大学生，从1996年开始大量从国内各所名牌大学招聘优秀学生。用的“撒手锏”之一是高起薪。当时，华为一年招聘几百名乃至上千名大学生，甚至后来一次性招聘5000人，被很多媒体称为“一次进万人”。到目前为止，国内没有第二家企业敢如此大规模地招聘人才，也只有当时的华为才有这样的胆识和气魄。

华为从事的信息通信业是新兴产业。创业伊始，人才市场尚没有该行业的成熟人才，而营销行业的“业余选手”在中国本土营销市场上沾染了很多恶习，许多习惯性行为改造难度很大，比直接从大学生培养成本更高。而刚毕业的大学生如一张白纸，容易接受公司的价值观和创新性的营销理念与模式，人力资源开发效果更好。因此，华为侧重于直接从高校里大量招聘新人，并加大培训投入力度。

华为最早在企业内部建立起适合企业特点的分层分类的人力资源开发、培训体系。在各业务系统分别建立管理者培训中心、营销培训中心、研发培训中心、客户培训中心等，依据业务需求与人才成长特点建立各具特色的培训体系。在我所接触到的中国本土企业中，华为是在人力资源培训开发方面倾注热情最大、资金投入最多的公司。

但是，大量人才的涌入也使华为面临着人才管理问题——如何把人才的潜力转化成市场开发能力、技术研发能力，转化成现实的利润？由于市场部的人力资源管理出色，张建国从营销体系考评办公室主任调任华为人力资源总监，全面负责人力资源管理。由我作为组长、人民大学的几位教授作为组员的专家顾问小组的咨询重点也就由最初的协助华为管理市场体系，转而协助华为进行人力资源管理，引进先进的人力资源管理理念和系统，并于1997年前后提出了基于本土特点的人力资源管理系统，指明中国的人力资源管理核心是考核与薪酬问题。这是《华为基本法》

中人力资源管理理论的起源。

后来，经过多次修改，最后在《华为基本法》里形成了知本论："劳动、知识、企业家和资本创造了公司的全部价值。"从资本论到知本论，其实就是强调资本和劳动之间是相互雇佣的关系。正是这种相互雇佣，体现出人力资本价值创造的作用。

华为的虚拟股权制（利润分享制）与获取分享制是实现知识价值的有效途径，华为公司 86% 的员工拥有公司 98% 的收益权，实现了共同致富。在华为，任正非占股份 1.24%，某种意义上他也是人力资本。所以，是知识在雇佣资本，劳动与资本一样具有剩余价值索取权。

张建国：今天，很多人都在谈论《华为基本法》，但不一定能够理解它；理解它对华为的成功、对人力资源管理的意义。

到目前为止，中国改革开放以来最被大家认可的、走向国际化的公司就是华为。华为的变化很大，10 年以前，华为做通信、做数据，它没有做手机，也没有想过做手机，20 年前更加没有想过。但是今天，它能成长为中国手机行业的领先企业，是中国最好、最高端的手机制造商。

是什么支撑着华为持续地成长？《华为基本法》里给了我们一些答案。《华为基本法》第二条："认真负责和管理有效的员工是华为最大的财富。尊重知识、尊重个性、集体奋斗和不迁就有功的员工，是我们事业可持续成长的内在要求。"第九条："我们强调人力资本不断增值的目标优先于财务资本增值的目标。"第十六条："我们认为，劳动、知识、企业家和资本创造了公司的全部价值。"

这是 1997 年正式发布《华为基本法》的时候就提出来的，二十多年以前，华为就已经提出人力资本的概念，把人力资源视为企业的战略资源，并且坚持用制度建设保障理念落地。到现在，还有很多企业不仅没有人力资本的概念，甚至还没有真正认可人力资源管理的价值。我想这可能就是一些企业与华为有差距的根本所在。

二十多年以来，华为的产品在不断变化，但始终聚焦于通信领域，没有去做房地产，没有去做 P2P；人也在不断流动，但企业持续在发展，其发展的根本是文化与机制。很多企业发展的原因是产品或机会，没有形成一套持续增长的动力机制。

彭剑锋：中国企业的人力资源管理真正具有战略意识，真正把其作为战略资源来看待，是像华为这种领先企业在成长发展实践中一步步探索出来的。比如当年制定《华为基本法》时，华为只有干部部和考评办公室。张建国就是考评办公室的主任，后来是干部部的部长。但是《华为基本法》提出，要把人力资本投资作为战略资源的投资，要优先发展，这种超前的、顶层思考设计的意识是难能可贵的。

从华为整个人力资源专业体系的建设来看，伴随着企业发展和成长过程中所面临的问题，在解决问题的过程中不断地引进新的理念，引进西方科学的工具和方法，然后应用于实践中。

华为是理念先行者，先有干部部、考评部，再有人力资源部；先有人力资本的战略理念，才有了人力资源部的理念。我们起草《华为基本法》的时候，通过此法在高层达成共识。后来华为引进了大量西方的管理方法工具，就是在以此法为核心构建华为人力资源管理的理论大厦。换句话说，华为引进西方管理，不是盲目引进，而是有顶层设计的。

《华为基本法》中有关人力资源战略思维的观点主要有：一是提出认真负责和管理有效的员工是华为最大的财富；二是明确了人力资本增值的目标优先财务资本增值的目标；三是创造性地提出了知识资本化，简称“知本论”的思想，并通过普惠式员工持股计划实现与人才共创共享；四是提出了机会、人才、技术、产品四者之间的循环关系，即机会牵引人才，人才牵引技术，技术牵引产品，产品牵引更多、更大的机会；五是提出人力资源管理的基本目的，是建立一支宏大的高素质、高境界和高度团结的队伍，以及创造一种自我激励、自我约束和促进优秀人才脱颖而出的机制，为公司的快速成长和高效运作提供保障。

《华为基本法》提出的上述思想，对华为人力资源管理的战略定位、人力资源与产品技术创新的关系等进行了系统阐述，完成了对人力资源管理的战略性系统思考，完成了成就世界级企业的顶层设计。

（四）华为人力资源体系建设

彭剑锋：有了《华为基本法》思想的引领，华为的行动力和实践力是超强的。一方面华为通过领先的薪酬水平和员工持股计划，大量从中国最好的高校招聘优秀本科生、硕士生、博士生；另一方面与全球顶级的咨询公司合作，引入西方发达国家成熟而先进的人力资源管理工具与方法，如华为最早引进英国职业资格标准（NVQ）项目，请合益、美世等世界知名人力资源顾问公司帮助华为构建胜任力模型及任职资格评价系统，进行岗位价值评估和薪酬改革。全面引进 IBM 的研发、供应链、财务管理流程体系，推进战略绩效执行体系（BEM）及 PBC 个人绩效承诺体系。全球先后有三十多家咨询公司为华为提供专业化管理服务，咨询服务费共计超过 300 亿元人民币。这就使得华为的人力资源管理从一开始就与世界同步，站在巨人的肩膀上前行。在先僵化、再优化、后固化的过程中构建了华为独具特色的人力资源专业化管理系统，真正打造了不依赖于任正非个人的组织与人才管理机制。任正非曾说："我们就是要致力于打造一个不依赖于个人的人力资源管理机制与体制，以后升官发财不是由我个人说了算，也不要由各级管理者说了算，而是要由这套机制制度说了算。"

张建国：当时建立了一个组织体系，即人力资源管理三级委员会。一级委员会是在公司层面，任正非是主任，各个部门的副总裁作为成员，有十几个人。二级委员会有好多个，研发体系、销售体系、生产体系、行政服务体系各有一个二级委员会。各个体系的一把手就是二级委员会的主任，其他领导是二级委员会的成员，每一个二级委员会都由七八个人组成。三级委员会由各个办事处或者生产体系、各个部门决策层的领导组成。推行的时候，不是人力资源部门单独行动，而是两级委员会一起开会，进行决策和推行。二级委员会的主任大多是一级委员会的成员，所以对领导层的思想、公司的目标责任等都很清楚，然后推行起来就比较积极，这是一个共同决策的机制。

一个人的工资是否应该涨，是按照制度考核、考评的结果由委员会审核认可决定的。不是由部门“一把手”一个人说了算，是集体来决策。这有什么好处？就是在部门内部，拍“一把手”的马屁是没有用的。如果这个人评估的数据达不到要求，别人不同意，也不可能给其涨工资。所以更多的是靠制度来决定，而不是靠一把手、一个人去决定，这是人力资源委员会的组织来保证公正、公平、公开的原则。这很重要。

彭剑锋：当时华为就成立了人力资源管理委员会，构建了人力资源委员会、人力资源部门、党委会三权分立的人力资源管理体制。人力资源委员会由各层级一把手参与，负责人力资源战略方向把握与人事决策，人力资源部门负责执行落地，党委会监督。同时，华为还是中国企业最早引进并创新实践三支柱模型的中国企业，构建了全球 COE 中心、全球人力资源共享服务平台，深入各业务领域的 HRBP 体系。这意味着华为的人力资源管理从专业职能层面上升为企业经营管理层面、战略层面。

也就是说，华为人力资源体系之所以能够建立起来，不仅仅是人事管理部门的事情，还是所有高层的支持，全体推动，全体管理者的责任。这是华为巨大的组织保障。其他企业单靠老板一个人，华为是层层都设人力资源委员会去推动。之所以能够把组织能力打造出来，把人力资源专业体系打造出来，首先是任正非的远见卓识，孙亚芳的有效领导，张建国等人的强力执行和推动。国际国内专家顾问的共同参与，群体的智慧，各级管理者勇于担责，在实战中优化。这就是华为的特色。

所以，我认为华为的人力资源体系建设的成功，一是有顶层设计；二是有西方的成熟的专业理论逻辑方法论作为基础；三是华为在模仿学习中的优化与创新。有张建国这种很执着的人，他的性格是认准了死磕、执行力强，把华为的专业组织能力打造起来了。

二、组织变革下的干部队伍建设与干部管理

发言嘉宾：

吴春波　中国人民大学教授，华为公司长期管理顾问
郝照平　中国运载火箭技术研究院院长
王　伟　中国运载火箭技术研究院人力资源部部长
张建国　人瑞集团董事长，华为首任人力资源总监，中华英才网创始人
彭剑锋　中国人民大学教授，华夏基石集团董事长
孙　波　中国劳动关系学院副教授，华夏基石副总裁

特邀主持：张小峰　华夏基石高级合伙人

策划及整理：尚艳玲

张小峰：“组织变革视角下的干部队伍建设与干部管理”，这个题目既精也宽。精，在于聚焦了企业里的干部群体；宽，是说

干部的领导力和使命愿景，包括干部队伍建设和日常管理，以及分别包含的很多内部的方法论和措施。

关于干部的重要性，经常被引用的一句话是“正确的路线确定之后，干部就是决定的因素”。这一具有中国特色的组织智慧不仅在中国共产党的建设过程中具有非凡意义，在中国的社会管理和企业管理中也发挥着重要作用。不仅是国有企业，华为、阿里巴巴等民营标杆企业也将抓干部作为重要的组织管理方式。华为的人力资源管理体系建设中，干部政策、干部管理一直是其中的重要组成部分。2018 年，华为更是把干部管理从人力资源管理体系中独立出来，专门成立了“总干部部”。

但是，我们在咨询实践中发现了一个现象：尽管不少人认同干部队伍建设、干部管理的重要性，但对于干部的定义不尽相同。在党政机关事业单位中，干部一般和职务、职称相关；在企业里一般是指管理者、经理人。在这些不同称谓的背后，所指的这样一群人或者他们要做的事情是不是一样的？在中国的管理场景里，究竟是怎么定义干部的？在企业转型升级发展中，干部应该扮演什么角色、履行什么职能、起什么作用？干部队伍建设在今天存在的主要问题是什么？

我建议先从新时期企业管理场景中的干部的定义、干部的价值开始，围绕上述问题进行探讨。

彭剑锋：坚持干部队伍建设三要素

干部才是一个企业经受外部风险和应对不确定性的压舱石。干部队伍稳定，干部队伍不腐败，干部有凝聚力、奋斗精神，就能带动其他员工去奋斗。

1. 干部在企业中的定义与价值

先从概念开始，梳理一下“干部”的演变。“干部”这个词最早来自法语，后来被日本人引进了。在日本，“干部”指的是组织的骨骼系统和骨干分子。当年，以孙中山为首的国民党在日本逃亡的时候，就把“干部”这个词引进到了国民党，也是指组织中的骨干分子、中坚分子，包括培养北伐军的骨干、革命的骨干。这是“干部”一词在中国最早的使用。

从中共二大开始，我党正式把“干部”一词写进了决议和党章里。到了党的十二大以后，正式对“干部”一词下了定义，即“干部是人民的公仆，是革命的中坚力量”。因此，干部就延续了下来。在机关企事业单位，干部往往是指管理者，中专以上学历的就纳入干部序列。在部队里，排级以上算干部。

从党的传统定义和做法来看，干部是指“带队伍、培养人才，团队的领导者，企业的管理者”。通俗一点讲，有职务的才是干部。**在互联网时代，干部的定义其实更宽泛了，专指企业的骨干分子，包括管理者、技术创新者和具有特殊技能的专家人才。**

所以，我比较赞成日语里面对干部的定义，即“组织中的骨骼系统、骨干分子”。也就是说，“干部”一词在今天的中国，尤其在互联网时代要赋予它新的含义，组织中的核心人才、骨干人才其实都是干部。

事实上，一些标杆企业也是这样在实践的。不管是华为还是小米，都在企业里建立了干部部，实际还是强调管理者和骨干分子的重要性。干部部的首要职责，就是强化队伍，强化管理者带队伍、培养人才的责任，只有这样才能使人才脱颖而出和后继有人。

同样，阿里巴巴搞的政委制，也是在强化管事和管人分离，也是强调要带队伍、培养人才。如果企业的管理者不去承担人力资源管理责任，不带队伍、不培养人才、不发掘人才，这个企业的人才就不可能脱颖而出，也难以形成人才梯队，就不可能支撑企业持续发展的需要。

这就是为什么现在很多企业从组织保障上把干部队伍建设和管理作为独立机构，独立出人力资源部门的原因。大家开始认识到，人力资源将来要走向平台化、专业化，干部这条线要单独进行有效的管理。因为在快速发展的、不确定的时代，企业确定了正确路线以后，干部才是决定的因素，或者说，干部才是一个企业经受外部风险和应对不确定性的压舱石。干部队伍稳定，干部队伍不腐败，干部有凝聚力、奋斗精神，就能带动其他的员工去奋斗。从这个角度来讲，在新的时期，在应对外部的不确定时期，在人力资源管理中，干部的地位和作用会越来越大。

2. 干部队伍建设的三个要素

第一个要素是使命驱动。干部之所以区别于其他人才，就是因为有使命感、有信念。对组织内部来讲，就是目标、使命、价值观的共识，这是干部之所以能够凝聚在一起的原因，因为大家愿意接受这套组织规则，愿意接受这套价值观。比如我去参观航天发射基地的时候就非常感慨：当年的航天工作者跑到沙漠里，在那么艰苦的条件下建设航天发射基地，就是因为一批部队出身的党政干部和科技专家、技术工人在强烈的爱国主义情怀驱动下，以“为国分忧，为民族争气”为信念，“有条件要上，没有条件创造条件也要上”的忘我拼搏、艰苦奋斗。有这样一批干部冲锋在前、毕生奋斗，就带动了一批批年轻的知识分子和工人前赴后继，在那么偏远和艰苦的地方为中国的航天事业贡献青春热血。

华为干部管理的第一条就是使命驱动，强调信念，强调对公司价值观的认同；阿里巴巴的考核中，很重要的一点是价值观考核，对员工可以没有价值观考核，但是对干部必须有。这种使命感来自志同道合，要选拔一批适合公司文化和价值观的人在一起。不同的企业有不同的价值观、不同的个性，比如有些人愿意在华为工作，有的人就不愿意，这就是使命感、共识、价值观的认同所决定的。

所以，对干部的管理是价值观的管理，没有价值观的管理，干部就没有使命感，没有使命感就是短期行为，就没有激情，这是一个企业最大的危机和问题。

第二个要素是责任担当。干部是责任担当者，这种责任包括自我管理的责任、绩效责任、带队伍带团队的责任等。干部的核心责任首先是带领团队不断创造高绩效，包括财务绩效和人才绩效。其次，干部的责任担当体现在遇到困难和问题时，不绕着走，敢于直面问题，敢于担当，敢于迎难而上；有承担改革的责任，承担风险的责任。

责任的担当是干部最重要的素质，人有责任感就不会绕着问题走，就会全力以赴，就会找方法不找借口。

第三个要素是能力建设。现在，企业里干部队伍存在的最大问题是能力跟不上、领导力跟不上企业转型发展的要求。

新时代的干部要有新的领导力，我提出“新时代的灰度领导力”，包括使命愿景感召力、跨界融合领导力、开放包容的心态、竞合生态战略思维、分享赋能领导方式、自我批判与自我超越的品格等（**彭剑锋关于新时代领导力的文章请参见49辑《洞察》——编者注**），这些是新时代对干部提出的新领导力要求，所以我们要进行能力建设。

干部的能力建设就是要构建能力发展通道，无论是“之字形”，还是“火箭形”，两个通道没有对错。一个人才的成长，不能全是按部就班，也不能全是“坐火箭”。而是要构建体系，按系统、按流程培养人才；对于真正的特殊人才，也要允许“坐火箭”。

这三个要素是整个干部队伍建设的核心。

3. 新形势下干部队伍的新问题

关于干部队伍建设和干部管理，现在面临的突出的问题如下。

第一，新型组织对干部提出的新定义和新要求。比如今日头条的老板是 80 后，领导团队都非常年轻，他们也没有固定办公室，就是天天在一线、在终端和员工泡在一起，研究产品问题，研究客户需求问题。企业家本人是一个产品经理，也是一个大业务员。这就是新型互联网公司，完全以技术、产品为核心，所有人都围绕技术和产品转。这时候干部人才从哪里来？可能就不是传统的培养、选拔的概念，而是要从技术攻关、产品攻关、市场攻关的实战中快速成长起来。干部的角色也不是传统的带团队管理人，而是主要考虑人与技术的结合、人与岗位的结合。

第二，企业转型变革过程中干部管理的新问题。比如在国企混改中，就面临着混合所有制经济条件下的干部管理、干部职级对应问题，引入民营企业的干部时，假如对方要当副总裁、副董事长，国企里传统的司局级、科股级的干部行政级别怎么去对应？原来的行政级别序列还适不适用？我认为这是个很现实的问题。转型变革对干部管理的要求最重要的是机制制度建设，要在责任权利机制、责任承诺机制、权力分配机制、利益机制、能力发展机制等方面创新，否则整个干部队伍很难适应未来新的发展形势。

第三，新的时代背景和经济形势下，企业创新突破成长的迫切要求与干部队伍激情与创造力疲乏的矛盾。一批改革开放后在市场中成长起来的、有二三十年以上发展史的企业，现在干部群体的最大问题是使命感缺失，过于强调利益导向和权力导向。企业高管团队奋斗动力不足、惰怠、占着位子不作为的现象比较普遍。另外，面对互联网、数字经济和智能化，干部队伍的知识结构单一、能力不足的问题也很突出。

企业要进行战略转型与创新突破成长，必须重塑大家的使命激情、重拾创业激情和奋斗精神。最近我一直在企业里面倡导，领导干部班子要让年轻人来搅动。任何一个领导班子至少要有

1/3的85后、90后，这并不是否定年龄大的人，而是强调，一个组织中要有年轻人脱颖而出。要适应现在这个时代的要求，就需要改变干部观念和认知模式，进一步优化和重构人才结构、知识结构、年龄结构；杜绝占着位子不作为的惰怠现象，让“能力恐慌”、竞争机制激活干部队伍。

吴春波：华为干部管理的八大系统

要把干部交给制度来管理，而不是交给理念，也不是交给领导。要回归制度，相信制度的力量。

1. 干部是特殊的人力资源

从人力资源的角度对干部下一个定义，干部有以下三个特点。

第一个特点，干部在人力资源中、在管理体系中，是一个职位，而不是一个职务。在中国，干部是最容易让人联系起来的是职务，但在企业中，干部其实是一个职位，是企业中必备的职位。但是这个职位很特殊，特殊之处在于这个职位有下级，也可能有上级；员工没有下级，只有上级。

第二个特点，干部这个职位要为三种绩效负责，这是和其他职位有差异的地方。一是要为本人绩效负责；二是要为组织绩效负责，为部门团队绩效负责；三是要为下属绩效负责，下属如果做得不好，也是干部的绩效责任。这是干部的特殊性，与组织绩效、工资绩效关联极大。

第三个特点，干部这个职位是特殊的人力资源。所谓特殊，是指当干部不是人人可为的，因为有很多来自天赋、来自悟性、来自实践，并不是有学历、有资历就能当干部。对于此，有些企业的认识还不到位，比如很多企业的职业生涯设计，就是员工的绩效干好了，就能升职。其实干部需要特殊的管理能力、经营能力、人力资源能力及其他很多特殊的能力，这是职位的特殊性所在。

为什么互联网企业现在也这么重视干部管理，阿里巴巴搞政委制、小米成立干部部。这是一个好现象，说明这些互联网企业、新经济企业开始重视管理了。经济可以虚拟，管理没法虚拟，所以它们正在向传统企业的人力资源管理或者说企业管理回归，老老实实在补课。

2018 年，很多互联网企业倒下了，可能有商业模式的问题，也有其他问题，但很重要的是跑得太快，人才招聘太多，管理跟不上。管理 200 人很轻松，管理 2000 人是需要管理体系的。互联网可能带来颠覆性的商业模式，但管理的基本规律颠覆不了，管理的常识颠覆不了；管理体系构架的课缺不了，缺了课是会出事的。

在这个基础上，大家开始重视干部部的设立，起码先建个机构。建立干部部这样的机构，其实不算是新鲜事情，在我们党和政府系统中，组织部门和人事部门是并存的，我们早就有了这个机制。

2. 干部的首要作用是承担责任

为什么企业要这么重视干部？

第一，因为干部的特殊作用——责任主官。任正非一直叫干部为主官。在公司的文件里，员工发现任正非讲话怎么有错别字，“主管”写成了“主官”，但任正非讲的就是“主官”。主官就是第一把手，第一把手是对整个组织负责的。主官不一定只有一个，在《亮剑》里，李云龙是主官，赵刚也是主官，一个是军事主官，一个是政治主官。主官更强调责任性，要为自己管辖控制的一切负责。

第二，各级干部都承担着传承、培育、延续公司文化的重要使命。在企业里，普通员工往往很难见到老总，尤其是大老总，只能通过讲话、故事、传说来了解。干部是身体力行的，需要做到带好队伍，让下属认同老板，所以必须肩负文化传承的责任。

第三，干部肩负着人力资源培养的责任。现在很多干部都是“不务正业”，眼睛只盯着业务，这叫“眼中有事，目中无人”，都是“伟大的个体户”，什么事都是自己干，亲力亲为，但是不关注队伍建设，不关注下属培养，不关注文化建设，不关注氛围建设。

原因是很多干部都是专业人员出身，自己干得比较好，当官后还是业务高手，而不是管理高手，缺乏对自身领导力的提升，甚至没有这个概念；单纯认为业务好就行，不管下面“鸡飞狗跳”。这就是没有组织的力量，没有团队的力量。强化干部管理，就要使各级干部承担人力资源管理的责任，需要各级干部去做；不做的话，人力资源管理就没有腿。这是干部的一项特殊作用。

干部的作用很大，责任很大。但从反面讲，干部是容易出问题的。干部出了问题，带来的影响很大，会影响一片人；员工出问题只是个案，损失和负面影响都比较小。“没有坏员工，只有坏干部”，这是真理，就像“没有坏孩子，只有坏家长”，真理一样。员工出了问题，很多原因在于干部，因为干部的管理不到位，下属才会出问题，比如干部的懈怠、不思进取、保守、安于现状，等等。为什么说“正确路线确定之后，关键在干部”？就是强调干部的责任重大、影响重大。

在华为，员工出了问题要惩罚“主官”，就是因为责任问题。

2019 年 1 月，任正非提出了“三个祛除”：一是祛除平庸的干部。就是整天坐着，没有追求，也不追求挑战的干部。二是祛除惰怠。在华为，惰怠是广义的腐败的组成部分。一个干部干了二三十年，觉得该歇一歇了，该过好生活和工作的平衡了，奋斗精神就消失了。一旦一个干部的奋斗精神消失，团队的奋斗精神肯定也消失了。三是要祛除“南郭先生”，就是滥竽充数的人。

任正非在讲话中说：“华为进入战时状态，不能再陶醉于过去的成功，不能再把自身利益、自身得失看得那么重。”这就是强调使命感，冯仑讲过一句经典的话：“把自己的事儿不当事儿，把别人的事儿当事儿就叫使命感。”所以，**一个干部得看到组织的绩效、公司的绩效、公司的利益，如果整天只算计自身的利益，就不叫干部。**

3. 把干部交给制度来管理

关于干部队伍建设、干部管理的问题，其实是每一个组织都面临的问题。中国古代的历朝历代，皇帝管的都是干部，有句话叫“明君治吏不治民”，抓住干部这个牛鼻子就可以解决更多的问题。

改革开放四十多年，中国企业现在到了该强化干部管理的时候了。很多企业已经二三十岁了，因为取得的成绩很辉煌，个人收益也很好，有的就懈怠了，也认为该懈怠了，所以，如何从制度方面、文化方面，激励干部的斗志，带公司走得更远，是一个很重要的课题。

干部管理和干部建设几乎是与人力资源平行的问题。缩小一点来看，这些问题最终都要回到制度，回到制度管理和体系管理。中国的企业从来不缺少理念，无论是治理理念还是治企理念，都很先进、高大上，但是好的理念没有形成一个好的实践，讲一套做一套，讲的和做的差距巨大，形成扭曲，形成“剪刀差”。为什么会出现这样的问题？就是因为制度建设。

不管是阿里巴巴、小米还是华为，成立一个部门很简单，但制度建设是核心。没有制度建设，干部的所有问题都很难解决；没有制度建设，就只能是运动式的。

1996 年的华为市场部干部大辞职，被称为“在华为开启了干部能上能下的制度先河”，是制度让人上或者下，而不是人，一旦到人，问题就复杂了。所以，要回归制度，相信制度的力量。也就是说，要把干部交给制度来管理，而不是交给理念，也不是交给领导。人伤人是很难的，领导也承受不了。

回归制度，就要进行制度体系建设，要从干部选、育、用、留的制度体系做起。如果没有这四个体系，管理就变成了应对式、个案式、讨价还价式的管理。企业要打造一支干部铁军，这支铁军要靠组织和纪律，不是靠某个人。

实际上，现在很多企业没有干部管理制度体系，干部管理放在人力资源部门，没有一个相对独立的体系。但干部是特殊的人力资源，对于特殊的人力资源就需要依靠系统的制度体系来管理。

4. 华为干部管理的八大系统

这个系统的制度体系有哪些？在华为，已经有的是什么？

第一，干部的档案管理系统。很多企业都只有传统意义上的档案。华为的档案管理系统包括培训记录、个人诚信记录、个人绩效记录、个人获奖记录等。它将一些很重要的过去的干部基本资料汇总，形成一个资料库。

第二，干部的职位管理系统。这里需要指出，职位管理在很多企业的人力资源管理中是一个“瘸腿”，被忽视了。职位和岗位不一样，职位是人力资源管理的基础，是人力资源管理的平台，没有职位管理，人力资源就会失去根基。这是因为人力资源所有的活动都是基于职位平台建立的，华为的人力资源管理体系，职位就是核心。有了职位这一体系，操作就会变得简单。

华为人力资源管理体系中的职位体系包括职位描述和职位评价，二者相加形成职位管理。比如每个部门设几个副职、设几个助理是制度决定的，要不要副职及副职和一把手的薪酬待遇差别都需要制度规定。华为为了避免副职过多，在职位管理中规定，副职的职位等级比正职低两级。这样就拉开了差距，如果只低半级，副职就都上去了。华为的北京研究所有 10000 名研发人员，但只有一个所长，没有副所长，也没有所长助理，这就是根据职位设置的。

职位是在制度上设计的，什么样的职位需要安排副职、什么样的职位需要安排助理，这些基础工作交给制度，而不是交给领导。干部管理要淡化职务导向，强化职位导向。

第三，干部的任职资格系统。对于什么样的人能当干部，很多企业也有一些条件，但大多靠的不是措施，导致标准有较大的弹性。

华为的任职资格有五种："2、4、5、8、9"。

"2"是指干部的两个责任：一是干部要"种粮"，干部好坏的标准判断是"种粮食"没有，让你管理一个部门，钱拨下来了，你给公司带来什么，其实就是绩效责任；二是"种不了粮"就要"肥沃土壤"，比如进行基础管理、文化建设、流程建设等，虽然今年没有"打到粮"，但是为明年"打粮"提供了基础。"4"是四个能力。"5"是五个资格，比如任务管理、目标管理等。"8"是干部八条，这八条虽然是软约束，但其实是在向我们党学习，中央"八项规定"推出后第5天，华为就推出了干部八条，每年年底的市场部大会，各级干部都要宣誓，这是对干部的自律要求，叫作干部自律宣誓大会。"9"是九个素质，主要是组织、客户、个人三方面的九项素质。"2、4、5、8、9"有说道，拿出这些制度对干部有牵引，对干部的培养有方向性。

第四，干部的绩效管理系统。这方面华为最厉害，KPI考核是华为管理的重要工具和手段。绩效管理系统就是衡量干部"打粮食"的，在任职资格的评价中，绩效是核心、是关键。关于华为的任职资格体系和干部绩效管理体系都有公开的书籍，这里就不再具体说了。

第五，干部的选拔系统。华为实行的是平均权、决定权和弹劾权的"三权分立"，避免由少数人决定另外少数人的命运。通过"三权分立"，避免干部在任命上的腐败行为。

人事腐败是最大的腐败，经验教训值得我们重视。在华为，你把上级搞定了没有用，因为不是上级决定你的升迁，比如华为长期坚持干部末位淘汰，永远不给干部“上保险”，而是给干部一种压力。

春节回老家，我去曾经的中学看了看，现在已经变成了工厂，但墙上还留着八个字：团结、紧张、严肃、活泼。我认为这是组织的四个衡量标准，一个好的组织应该是团结、紧张、严肃、活泼的。

早期华为干部的晋升是不拘一格降人才，看好了就提拔；后来变成“之字形”成长，就是必须有经历，不能坐“火箭”。要想升一级，必须在两个部门干好之后才可以，这是经验的积累。同时，华为所有的干部任期都是两年，包括任正非。华为的干部任前公示是一个很重要的机制，公司不了解的事情，下属和其他人都可以举报；华为的道德办公室也可以进行调查，如果有事实、有依据证明一个干部确有不光彩的事，哪怕已经任命了，也可以直接弹劾，这是对干部的监督，也是对干部的尊重。可以说，当干部很多时候是非人性化的。

第六，后备干部的培养系统。中国有很多企业，尤其是民营企业，干部老化很严重。当年跟老板一块创业的干部老化后，后备干部跟不上，出现了断代。华为善用“学生兵”，华为的干部也都是“学生军”出来的，“空降部队”极少，“空降部队”在华为活不下去，是“死亡率”最高的“军种”。让新人成长，就需要后备干部的培训体系。在部门层面上，华为是一个干部职位上有很多人可选。

第七，干部的培养体系。现在经常讲赋能，但赋能不是简单的培训。华为的后备干部 14 个战略预备队是没有教师的，我做过辅导员，实际上只是观察员，不讲课，只谈案例。用案例教学，大家一起吵，相互竞争，这是从实践到理论再回到实践的过程。

这是干部成长的较快方式。

当然，干部培养需要一定的知识培训，但华为的干部培训是收费的。2018 年，华为大学的销售收入是 20 多亿元，利润 2 亿元，只有赚了钱才能良性发展，只靠公司拨款不行。这些收入来自哪？干部参加培训要交钱；需要自己买教材且教材很贵；到总部学习的差旅费、住宿费自己出。而且去几天扣几天的工资，因为去学习了，不应该拿工资，这是给自己赋能，给自己长本事。

这其实是一种机制，学习是自愿的，你可以不学，但干部档案里会有没参加过培训的记录，下次提拔干部你就出局了。这就是制度的力量、规则的力量，要相信它。

第八，干部的薪酬待遇系统。这与职位相关。华为有一个自愿降薪机制，这个机制已经启动过两次。《华为基本法》里也有这一条，就是当公司业绩达不到预期目标时，干部就要降薪。很多公司是一出事就差别裁员，员工成为企业业绩不好的最终替罪羊，但华为首先是干部自动降薪。2002 年，华为所有的干部自动降薪 10%，包括任正非。2015 年，因为消费者 BG 和企业 BG 没有达到绩效承诺，导致公司的整个承诺没有完成；这两个 BG 的董事长和总裁一分钱奖金都没有。同时，公司的 9 位 EMT 成员中有 7 位都是零奖金，包括任正非和前董事长孙亚芳。华为当年发放的奖金有 125.3 亿元，但上述这几位都是零奖金。

这就是：公司好了，你什么都有；公司不好，倒霉的首先是干部。有人说，对干部太狠，会承受不了。抱有这样想法的人就不要当干部。干部应该有胸怀，不能与公司同生死共命运，也就失去了当干部的资格。

面对干部在新时期遇到的很多问题，要回归到管理的一般意义上来，强化干部管理的制度建设、体系建设和机制建设，这才是核心。这三方面要补短板、系统化，目的是以制度和规则作为干部管理的基础、作为干部培养的基础、作为干部激励和约束的基础。这样干部队伍的成长会快一些、干部自身的能力提升会快一些、干部能出的业务问题和其他问题会少一些，因为制度是可以不断补充的。

所以，关于干部管理，我提出的核心观点就是：干部管理要回归制度、回归管理体系，要用管理的方法体系而不是用短期的、运动式的就事论事的方式来解决问题。

干部管理制度化体系一旦建立起来，在未来很长时间都可以用，有可延续性、可复制性、可信赖性。如果组织做大了，可以快速把干部管理体系复制到下属组织或分支机构，而且它不依赖于某一个人或几个人而运转。

制度永远会起作用，要让制度规则机制和管理体系来守望干部管理，这样才更可靠一些。

5. 从华为经验看新时期干部管理的问题与挑战

我们说干部管理要借鉴华为经验，并不是说华为干部队伍建设和干部管理就一点问题也没有。我认为，华为干部队伍当前事实上也存在一些问题和挑战。这些问题也不限于华为，实际上是中国企业发展到今天面临的一个较为普遍的情况。

第一，年轻干部的抗压能力差。现在华为的很多干部很年轻，80 后、90 后占的比重越来越大。他们的人生历练、所处时代和进入公司的时间点都不一样。这代人很聪明，但经受的人生苦难少，没有经过磨难，抗压能力比较弱，不爱折腾。我们经常讲，苦难造就了华为。人生的苦难和历练，也造就了优秀干部。

第二，奋斗精神在减弱。华为经过 30 年的发展，懈怠、不思进取、小富即安、奋斗意志衰弱等问题在干部身上也体现了出来。华为讲的奋斗首先是思想的奋斗，但现在的干部普遍不读书，都玩微信，当然这也是大环境所致。不读书，干部就无法成长，就缺乏持续学习能力。公司在发展，对干部能力的要求在提升，如果干部差距太大，即使有机会，也难堪大任。

第三，复杂环境下更需宏观视野。华为走到今天，面对复杂的环境和不确定性，干部需要在宏观视野上、国际视野上、在“仰望星空”上做得更好一些。当然，这要靠两方面：一是公司赋能；二是自我赋能（更多的责任是靠自我赋能，不能荒废时间）。

第四，干部的态度责任问题。面对新的挑战，要从更宏观的角度思考，要像任正非说的那样，从一杯咖啡中吸收宇宙能量。另外，管理者要承担人力资源管理的责任，要带兵。在华为，很多干部不当官都挺好，一当官就变脸：说话腔调变了、走路方式变了，脾气也大了。善待下属的方式，一定是靠爱，而不是靠训、靠批评、靠强压。强化干部的人力资源管理责任，关键是看他怎么带兵。将是兵的魂，干部要成为团队的灵魂；兵是将的胆，带领着一帮高手，打起仗来也更有信心。干部要培养下属，要承担责任。有的干部自私，害怕下属培养起来后就把自己顶了；有的干部不重视这个问题；有的干部是没有培养下属的能力，这些都是要重视的问题。

第五，企业文化的传承问题。干部要承担企业文化的传承作用，这点很重要。有很多管理者自己学习少，悟得也不够，只依靠自己的职务称呼来管理；认为我是领导，你就得听我的。这种管理早晚要被淘汰。

郝照平：“四支队伍”推动航天事业由大到强

航天事业60多年的发展中，我们始终把事业发展与人才队伍建设作为主线。在这条主线中，充分适应发展的时代使命，积极推动组织变革，关键是有效发挥好核心人才和领导干部的引领与骨干作用。

1. 事业发展与干部成长相互促进

我先简单介绍一下航天一院。航天一院是航天系统内的称呼，我们的正式对外名称是中国运载火箭技术研究院。

航天一院可以用三句话来概括：一是中国航天事业的发祥地，航天一院是最早成立的，现在也是最大的研究院，所以叫发祥地；二是中国航天的排头兵和主力军，说的是航天一院一直在国防建设和航天事业中发挥的主要作用；三是航天事业人才的摇篮和“黄埔军校”，主要讲的是人才队伍建设和干部队伍建设。

一直以来，航天一院的主业都是为国家研制导弹武器和运载火箭，从没变过。航天一院的发展过程，实际上也是事业发展和干部成长相互促进、共同成长的过程。

值得一提的是，多年来，航天一院培养了大量的干部人才。一方面培养了很多科学人才，特别是工程技术专家，走出了不少两院院士、大国工匠；另一方面培养了很多优秀管理者，包括党政领导干部。简言之，航天一院发展的60多年，是事业发展、组织成长和领军人才辈出的共赢在共同起作用。

2. 时代背景和企业转型对干部的要求

回顾中国航天创新发展历史，有几个阶段、几件事情和几个人给我留下了很深的印象。

第一件事，初创阶段，发生在20世纪五六十年代。中华人民共和国成立后，要不要搞国防尖端武器建设的问题，当时是难以下定决心的。在当时一穷二白的情况下，国家组建了国防部五院。为什么要做这件事情？主要原因是国际形势所迫、国家安全所需。那么，谁来做这个事情？以钱学森、钱伟长、钱三强“三钱”为代表。

在这种情况下，在美国已经是尖端科技领域著名学者的钱学森，用了5年的时间，踏上了回国之路。当得知钱学森要回国的消息时，美国军方高层不同意，说一个钱学森顶5个师的战斗力。结果是，回来一个钱学森，就使中国以“两弹一星”为代表的国防武器实现了零的突破，带动了整体国防工业体系建立。这就是领军人才，是实现事业开创性的代表，钱学森是航天一院的第一任院长。从这段故事中可以看出大时代背景下，事业发展和领军人才的关系。

第二件事，改革开放时期，发生在20世纪八九十年代，走向国际市场。当时的大背景是中国的改革开放，以航天为代表的军工领域，同样在按照中央的要求进行改革开放。在军工领域中，中国航天的改革开放也是开始得很早的。在1985年，中国政府向全球宣布，要把中国的长征系列运载火箭投放到国际商业发射服务市场。

为什么要走这一步？是因为当时的航天工业部还在政府序列，虽说依靠国家“吃皇粮”也能生存，但我们要主动走向国际，在国际上看看我们有没有实力。那段时期的代表人物是王永志，航天一院的第六任院长。

20世纪80年代，美国的航天飞机“挑战者”失利，欧洲的几个火箭项目也失败了，国际上对于运载火箭的发射需求非常急迫，这给了中国一个契机。王永志和几个技术专家，就拿着中国科学家设计的火箭草图到美国做市场宣讲，特别是向保险界做宣讲，向他们介绍，两三年内可以用这个火箭把用户需要的卫星发射成功，最终美国人相信了。我们用市场的推介得到了客户的信任，拿到了启动资金。回来后，我们将这个情况向政府做了汇报，得到了政府的大力支持。我们用了18个月时间，就把“长征2号”捆绑式运载火箭送到了太空，创造了一个奇迹。从那时起，中国航天的商业化开始了，国际化也开始了，世界航天舞台上有了中国人的一席之地。

第三件事，发生在世纪之交，奠定航天大国基础。那段时期，以载人航天工程为标志的国家科技重大工程论证上马，同时要培养一大批跨世纪领军人才和高级管理者。特别是载人航天工程，20世纪90年代上马，到新世纪出结果时，中央要求，航天重大项目必须为国家培养一支完整的跨世纪人才队伍。现在看，中央高瞻远瞩、英明决策，航天事业感染人、培养人，压重担，出成果、出人才，一大批两院院士、总设计师、大国工匠正成为航天事业的领军人才，同时也涌现了已经成为党的事业重要工作岗位上的高级干部，像张庆伟、许达哲、马兴瑞、袁家军、雷凡培、吴燕生等，他们是载人航天工程项目上马的时候，重点培养的跨世纪领军人才的代表人物。其实航天重大工程上马之初，组织即有意识地选拔人才放在重要的岗位上历练，现在来看，在顶层的人才战略布局上，成效非常明显。

第四件事，发生在党的十八大以后到现在，坚定迈向航天强国。中央提出，进入新时代，我们要由大到强。那么，由大到强的使命由谁来做？必然要有一大批人才，特别是一些核心的领军人才去做。党的十九大报告提出，“建设高素质专业化干部队伍”，“培育具有全球竞争力的世界一流企业”。2013 年和 2016 年，习近平总书记对航天系统提出了建设航天强国的伟大号召，就是要实现由大到强的跨越，人才队伍特别是领导干部队伍就显得至关重要。

3. 新时代如何加强干部队伍建设

近两年，我们一直在研究这个问题，即在由大到强的过程中，航天一院作为排头兵，怎么实现新的挑战和使命？在干部队伍方面，我们提出打造“四支力量”，建设“四支队伍”。从 2016 年开始研究，到 2017 年开始准备，再到 2018 年开始全面深化改革，航天一院着力打造从人才队伍体系到干部队伍模型，再到任职资格体系，最后到组织框架和流程实施的系统变革。

什么是“四支队伍”？总的来说，就是新时代航天人才队伍和干部队伍。

一是党员和党员领导干部队伍。航天一院有 18000 多名党员，其中相当于正局级有上百人，我们要依靠这些人，使这些人成为每一个“方面军”的领导者，就像《亮剑》中李云龙式的干部和赵刚式的干部，我们都需要。党员和党员领导干部，这是第一支队伍。

二是职业经理人和企业家队伍。习近平总书记指出，国有企业领导人员是党在经济领域的执政骨干，是治国理政复合型人才的重要来源，肩负着经营管理国有资产，实现保值增值的重要责任。我们国有企业都要市场化改革，管理者将来要走职业经理人道路，其中最核心的就是培养具有企业家精神的企业家，特别是建设一支具有国际竞争力的世界一流企业，很迫切。这是目前我们所欠缺的，也是未来要大力发展培养的。职业经理人和企业家队伍，与世界接轨，这是第二支队伍。

三是核心人才队伍和大师队伍。主要是航天事业发展技术引领、创新驱动的人才主体队伍及相应的领军人才，从事基础应用科学研究和工程实现的科学大家、工程大家、大国工匠，这是核心人才队伍中的大师队伍代表。目前来看，在航天一院这支队伍数量多、结构好，但更要加大科学大家、工程大家、大国工匠的培养力度。

四是青年人才队伍和后备骨干，是事业发展、组织基业长青必需的战略后备力量。航天一院 3 万多人中，65% 是青年人才，大有可为。

要实现由大到强，这几方面缺一不可。主体是核心人才队伍，关键是党员干部队伍和企业家队伍。目前，我们正在按照这个计划进行培养、设计。

总的来讲，航天事业几十年的发展中，我们始终把事业发展和人才队伍建设作为主线。在这条主线中，充分适应发展的时代使命，积极推动组织变革，关键是有效发挥好核心人才和领导干部的引领与骨干作用。

4. 干部队伍建设面临的现实问题

一是使命价值观的认同。好的干部不用扬鞭，自己就知道怎么干，而且会把团队带得很好，价值观趋同。有些干部放在那个位置上，可能会不适应，怎么可能带队伍呢？这种情况我们也有，特别是任职时间长了以后，自己不学习、惰怠了。把工作当成使命干，这是非常非常重要的。

二是自我完善能力。善于学习思考，不断觉悟，持续提升自身能力素质，能够内驱式成长。社会变化太快了，方方面面适应起来很难，有的人觉得自己在这个位置干得很好，发号施令别人就应该听，其实知识、技能和对环境的适应性，都不够了。所以，班子里一定要有年轻人，有思想、有活力、有闯劲的人一定要占一定的比例，保证干部结构是合理的。

三是一些国有企业深化改革始终难以完全突破的三项制度改革，特别是干部队伍建设。有时候一个人（一把手）的作用无论是好或者不好，对于企业影响太大、太长远了，如何培育、选拔、使用、评价、监督，不仅仅是干部本人和管干部的部门，更多是适应于时代发展、组织变革和使命驱动的机制建设，尤其是“忠诚干净担当”“想干事、能干事、干成事、不出事”和“能者上、庸者下、劣者汰”的国有企业领导人员建设机制。

张建国：企业经营的根本在干部

培养干部队伍不是短期行为，一定是长期行为，有时候甚至需要花几年的时间才能打造一个团队。

华为的思想是在战争中选拔干部，在实战中选拔干部，认为干部是打出来的。另外，华为建立了一套干部能上能下的机制。这是在文化上、机制上比较重视。1996 年，在华为从“游击队”变成“正规军”的转型过程中，有一些干部不太适应，这时就要选拔出一批更优秀的人，从此形成了干部能上能下的机制，也形成了华为的文化，非常有特色。

我从华为出来后一直在创办企业，做人才服务方面的工作，现在我结合人瑞公司自身的发展，就干部和人才队伍建设中的问题挑战，即痛点和难点，谈一谈我的看法。

第一，在企业发展和经营过程中，最缺的就是干部。**我们对干部的理解，更多的是管理者。**一个企业从小到大，不可能一开始就有很成熟的干部，绝大多数都是在员工的业务骨干中提拔的管理者。那对于很多管理者来说，以前都是自己干，没有管过人，后面是让别人干，学会怎么管人，这是一个考验。因为有些人自己能干得很好，但是不一定能让别人也干得好。我们在选拔干部、培养干部的过程中，会有一些淘汰机制，同时引进培养机制，让干部能够掌握管理技能。

在企业内部提拔干部，好的方面是对这个人比较了解，尤其是他的价值观与企业的价值观比较一致，认同公司的文化和事业。但如何通过能力的磨炼和培养，将员工变成一个合格的管理者，其实是对企业的一个挑战。

第二，从外部引进管理者最大的挑战是文化的融合。从外部引进干部，他可能之前就是总监、部门经理，有经验，有能力，但他同时也是带着价值观来的。如果他来了以后，他的价值观和企业不一致，对企业的杀伤力、破坏性很大。

事实上，大部分从外部引进但最后证明不行的人，关键问题就是价值观问题。价值观不是有意识的，而是无意识的；是在个人的生活与成长中、在以前的工作过程中，沉淀下来的判断事物对错的标准。一旦来到一家新公司，必然会带着原来的烙印。对一个企业来说，个人的认知过程、认同过程是漫长而艰苦的，所以企业在引进外部人才的时候，首先要在价值观上进行严格的考核，这是一个前提。如果不具备这个前提，不但以后会造成很大的伤害，这个人也很难在公司里持续发展。这是企业在干部管理中会遇到的很具体也很普遍的一个难题。

第三，培养干部队伍梯队是一个长期行为，企业要有足够的耐心。一个企业如果没有中间层面的合格的管理者的话，很难持续做大。因为如果没有人带领团队，一个团队就很难真正发挥作用。

对于一个企业来说，培养干部队伍不是短期行为，一定是长期行为，有时候甚至需要花几年时间才能打造一个团队，才有可能慢慢培养一个比较核心的干部团队。很多企业出问题，做不大，关键还是人才队伍的原因。

人瑞公司于2010年成立，现有员工将近800人，在全国有20多家分公司，对过程中经历的痛苦感触很深。在公司的初创期、业务压力承受期，顾不上干部培养，大多靠从外部引进，竞争淘汰。2019年，我们把重点放在了如何完成员工队伍的升级换代、如何搭建一个更加优秀的管理者团队上，这也是为下一步使公司业绩可以继续翻倍增长打下一个更大的基础。

企业经营，最终是经营人才，最根本的是经营干部；企业经营不善，根本问题还是人才问题，是干部问题。这是我这么多年创办企业、做人力资源服务工作的一个深刻体会。只有当有了一个骨干团队，大家齐心协力做事，有一个正确的方向，有很好的激励机制时，很多事情都是能干成的。

孙波：干部是一种管理者角色

如果把干部放在管理者层面来看，干部其实有“五个角色”：自我管理、文化管理、团队管理、协作管理、业务（绩效）管理。

1. 干部管理与人力资源管理不是一回事儿

在不同属性的企业，对干部的定义和理解是存在差异的。

我大学毕业后去了陕西的一家国有企业工作，两三年后做了人力资源部门的经理。在我去人力资源部门之前，其实是有两个管人的部门：一个是人事处，管中专以上有干部身份的人；另一个是劳资处，管没有干部身份的人。这也能看出，在中国的环境里，对“干部”这个词还是有着根深蒂固的认识——一种身份或职务。

当时，我所在的国企，在把两个管人的职能机构合起来的时候，之所以不叫人事和劳资部，而叫人力资源部，初衷就是为了打破对人的身份限制，要有一条线管理所有的人。所以人力资源部就把人事管的和劳资管的都管了起来。

今天遇到的问题其实还是这个问题的延续，就是把干部管理体系和人力资源体系杂糅在了一起。

用人力资源管理体系来管理干部，我认为既对也不对。对的是，特殊的人力资源也是人力资源，靠选、育、用、留来管理没有错；不对的是，恰恰因为“特殊”二字，完全用人力资源管理体系去管理干部，总觉得有点缺失。所以现在企业里既有干部部，又有组织部，就是为了差异性，是在人力资源大的管理体系下，认识到了干部角色的差异。但是我们的一些老师在学校上课时，还是认为干部管理就是把人力资源那套方法复制过来，干人事管理的事。我认为二者不是一回事儿。

今天，在民营企业管理体系里，谈到干部，基本上还是指有职位的管理者。我认为这个定义更符合企业的语境，因为不管是干部管理还是人力资源管理，到最后都是企业的管理体系层面的问题。

华为从干部管理理念到干部管理机制，再到制度落实，最后到干部管理的最基本的原则立场，构建了一个完整的体系。这个体系是基于现代人力资源管理的理念，同时又确确实实区别于普通的人力资源管理建立起来的体系。谈干部管理，这是最重要的。

小米过去提出要抓住核心人才、要引进核心人员、要进行模式创新，等等。但最近小米找到我，要求给他们讲一讲绩效管理。我问："是讲前沿趋势还是讲去 KPI 之后的新的绩效管理?"他们说："都不是，想了解最传统、最经典的绩效管理是什么样子。"这说明，他们对管理人员的定位、要求、作用有了新的认识，原来对管理人员的要求是带来业务的高速增长，现在想要回归管理的基本功能。

2. 基于管理者的"五个角色"要求干部

企业的管理者扮演着什么样的角色，发挥着什么样的管理作用？管理者在企业里有五种管理角色：一是自我管理，管理者首先是自我管理，这个自我管理的能力和要求，与员工自我管理的能力和要求是有差异的；二是文化管理，干部对组织的文化传承培育作用大于培养员工；三是团队管理，干部要带队伍，要对团队负责；四是协作管理，既有管理部门内部的协作，又有管理部门外部的协作；五是业务管理，桶状结构流程之中，没有干部层面发挥协调作用，单纯靠流程是不可能实现绩效的。

当干部要在企业里发挥五种管理角色的时候，对干部能力素质的要求，和对专业人员的能力素质要求就不一样，应该基于"五个管理"的功能和角色定位，提出对干部的五个素质的要求。

王伟：干部是追随者、引领者和 HR

对一个干部来讲，"万变不离其宗"的要求，是要奋斗，要担当，要不断学习和创新；"唯一不变的是变化"，指的是要不断适应环境的要求。

1. 干部内涵的变与不变

2018 年对于中国航天，对于航天一院，对于我自己也具有里程碑的意义。中国航天实现了 37 次宇航发射，航天一院也取得了发射任务创历史新高且所有任务圆满成功的辉煌成绩。

值得一提的是，这些辉煌成绩是在伴随着一场巨大的组织变革的同时取得的。在组织变革过程中，面临的环境之严峻、任务之繁重，很多人认为这是不可能完成的任务，但是我们的改革调整和干部调整都顺利完成。更让我们自豪的是，我们的经济收入首次突破了500亿元。可以说，这是航天一院在主要领导带领下打的一场非常漂亮的战役，我能参与其中也是职业生涯中的荣幸。这是有里程碑意义的一年。

结合这次组织变革实践，我对干部的定义和内涵有了一个新的理解。用两句话概括：一是“万变不离其宗”；二是“世界上唯一不变的就是变化”。辩证地来看，这两句话并不矛盾。对一个干部来讲，“万变不离其宗”的要求是要奋斗、要担当，要不断学习、创新；“唯一不变的是变化”，指的是要不断适应环境的要求。

对于企业里的干部人才培养和管理，我同意彭剑锋老师关于人才生态环境的观点。彭剑锋老师说，企业要形成人才生态环境、丛林法则。这个丛林并不是弱肉强食的丛林，而是既自我发展又相互依存的丛林生态。就像亚马孙丛林的生物，并没有人为的调剂和控制，但不管是多么恶劣的环境，丛林里的植物都在孕育，有着旺盛的生命力。干部管理也是这样的道理。简单地说，就是为干部人才营造脱颖而出、健康成长、竞争进化、相互依存支持的生态环境是最重要的。

这个生态环境的建设看起来好像复杂，其实也简单，有其内在的规律。在航天一院，航天精神和航天文化传统始终是干部队伍的一种内在凝聚力量，一种孕育、促进人才辈出的“土壤”。

我们和彭剑锋老师团队做航天一院60年人才机制创新和人才成功之道的课题时，采访过多位航天人。当问到是什么力量驱动他们毕生为航天事业艰苦奋斗时，使命驱动、国家的重视支持是重要的因素。80多岁的余梦伦院士说：“士为知己者死。”他讲到刚来航天一院工作时，正值“三年饥荒”，当他看到那些党的高级将领们都不吃一口豆子、一口肉，而是全留给科技人员吃时，深深地感到国家对科技人员的重视、对航天事业的重视，不为国家付出毕生精力、毕生所学，都觉得不应该。这从一个小侧面体现出干部的重要性，体现出干部在组织里的影响力。

2. 干部的三个角色：追随者、引领者和 HR

现在我们说的干部，更多是管理者。我认为干部有三个核心角色。

第一，追随者。这是对干部第一位的要求，比如一个国家的最高领导，要追随为全体人民谋福祉的使命；一个航天企业的领导者，要追随国家大的航天战略；一个民营企业的经理要追随企业的发展战略，等等。追随者就强调使命感，强调遵循发展规律。

第二，引领者。毛泽东说：“正确的路线确定之后，干部就是决定的因素。”在《论持久战》中，他讲道：“一切事情都是要人做。”这两句话把干部的作用说得很清楚，也辩证地说清楚了引领者和追随者。以《论持久战》来讲，如果没有人做就不会夺取最后的胜利，必须由人先根据客观事实，引出思想、道理、意见，这是追随者；要提出计划、方针、政策、战略战术等，这是引领者，要引领大家去完成。

航天一院建院 60 周年时，王永志院士说过一段话：“作为一个领导，越是困难的时候越要适时提出新的任务、新的目标，以及抓住人心的项目，要用事业凝聚人才、凝聚队伍。当然，还不能好高骛远，要提出近期马上能实现的目标。”

作为一个引领者，我们还要在不同领域，把自己该做的事情做好，这里面有个方法论问题。中国共产党从建党开始，在革命、建设、改革时期，产生了很多方法论，比如淮海战役的胜利，是群众用小推车推出来的，当时没有现在这么方便的通信工具，怎么把百万民众与部队结合起来的？必然有方法论。

航天一院正在实施“铸魂工程”，骨干、博士、处级以上的领导干部都要去井冈山轮训一周，学习我们党的创业史和理论体系。反观航天事业初创时，与井冈山艰苦的创业环境相似。当时，战略决策者是毛泽东主席、周恩来总理，世界顶级科学家以钱学森为代表，思想动员方面有聂荣臻元帅，同时集合了全国的人、财、物力量。在这个大系统里，干部的作用非常重要，在科研、保障等各个领域把自己的作用发挥好，各司其职，这是制胜的关键。

第三，人人都是 HR，每一个领导者都应该是 HR。这个刚才几位教授讲得很充分了，我就不做阐述了。在企业管理体系里，我认为作为一个领导干部，把这三个角色把握好，就能够适应新形势提出的新要求。

讨论一　拿职位还是角色来定义“干部”

孙波：过去是以身份来定义干部的，现在还有这个影子。比如学校通知召开干部大会时，要求上写明：副教授和副处级以上参加，这就相当于有级别之分。管理者和普通员工确实有差异，但这个差异并不应该来自身份。

我认为，角色决定了一个人是不是干部，而角色有时候并不一定与职位挂钩。比如任职资格体系中，构建能力专家，既要有行政的权威，也要有专业的权威，还要有流程的权威等，这些权威能扮演这个角色，没有职务的人也应该属于干部人员。所以，从角色的扮演上定义干部，而不是从身份的转变或者职务的转变定义干部，这是很重要的一点。

王伟：航天领域有一个非常重要的角色是班组长，余梦泽院士最高的职务就是班组长，但并不影响他成为专业领域的带头人。

彭剑锋：既要看以前的经验，也有看到未来的变化。比如今日头条的组织结构里就没有职位，全是一个一个的小组。一个项目组的组长，就是一块业务的带头人和领导者，能带领团队创造上百亿元的收入。如果按照职位来论，小组长算什么职位？可能根本就算不上干部。从传统企业的角度来讲，职位仍然是核心；但现在的组织，是以角色替代了职位，而且人是流动的，在组织中以角色、工作任务为核心，确实与传统的职位体系不一样了。

张建国： 组织将更加扁平化、网络化，组织更加灵活了，该如何选拔干部？标准是不太一样的。这时候，对于干部来说，不只是一个管理者，还是一个项目的经营者。

彭剑锋： 现在越来越强调每个团队都是自主经营体，经营者和管理者融为了一体。比如航天里的一个型号，也可能就是一个经营体，既是经营者，又是管理者。

孙波： 如果以角色来定位所谓干部管理范畴的话，自然是动态的。比如华夏基石项目组，一个人在小项目中是项目经理，大项目中他就是项目成员；作为项目经理的时候是干部，作为项目成员时就不是干部。干部的角色是在动态变化、动态调整的。

讨论二　是激励为主还是适度制造紧张

彭剑锋： 现在的人力资源太强调激活、放权，要激发大家的活力，给大家松绑，即所谓正向激励。其实一个组织最重要的，除了激励还要有压力，要有紧张感。人有时候是逼出来的，逼着自己给自己找“饭票”，这就是紧张。你不好好干，不创造价值，下个月的工资就发不出来，不管是谁都面临这个问题，这就是危机感、紧张感。就像我们国家航天事业的发展也是倒逼出来的，国际形势逼着我们必须搞出来。所以，一方面是激活；另一方面是紧张。

吴春波： 激励是对的，但是激励永远离不开约束，激励和约束并存，我们应该强化约束机制。所谓约束机制，其实是一种负激励，负激励也是激励，制造紧张感，比如末位淘汰；绩效与奖金、晋升直接挂钩等。这样一来，就把规则变简单了，绩效达标了才能上，绩效不达标一票否决，连绩效都完成不了还当什么干部，这使得干部晋升变得制度化。

讨论三　流程制度会不会限制人才脱颖而出

彭剑锋：以华为为例，我的体会是，华为的干部管理面临着以下几个问题。

第一，现在的90后没有那么强的抗压能力，一有压力就靠不住了、崩溃了、走了。而华为一直是高压之下出干部，这是华为面临的一个问题。

第二，华为现在的干部制度流程化太强了，使得华为的干部只认制度流程，不太理会外部环境的变化。制度流程是有效的，但是它走到今天太僵化了、太固化了。这种僵化、固化会导致很多人不思考谋变，因为在流程制度里相对而言是安全的。

第三，过度流程制度化使得个性化人才、优秀人才很难脱颖而出。按照流程、按照制度，余承东（华为技术有限公司高级副总裁）选得出来吗？选不出来。所以我现在主张华为干部培养晋升要“坐火箭”，很多优秀人才不要走那套任职资格体系。整体上，我同意吴春波教授说的，干部队伍建设一定是制度建设、流程建设，60% ~70%的人按流程制度走，所谓“之字形”成长升迁。但同时也要有“火箭型”的，对某些人才还是要破格提拔。

吴春波：目前，华为正在做这件事。华为过去提出来的是“先僵化、后优化、再固化”，现在其实在简化。比如干部的职位可以连升三级，炸开组织的“金字塔顶”；不拘一格降人才，这已经成了制度。英雄不问出处，也不问背景。

彭剑锋：这就对了。既要体系建设，也要打破体系，顶尖人才还是要破格选用。

吴春波：华为还有一个观点，叫“有缺点的英雄也是英雄，犯过错误的英雄也是英雄”，这相比以前是在做减法。但是，不能一步就做到减法，首先得要有那套基本的东西做保障，在这个基础上去做减法。华为现在内部的做法要求是，每增加一个流程必须减掉两个流程，每增加一个评分点必须减掉两个评分点。现在公司在全面推行，就是防止流程叠加得越来越复杂，最后制度与制度打架，所以增一个就要减两个，使管理适当得变轻，而不是越来越重、越来越复杂。

管理永远是需要制度的，但制度永远是为了业绩、为了发展、为了成长，永远是为竞争力提升服务的，不能本末倒置。

三、平台赋能性自主经营

嘉宾：

邹　轩　中梁阿米巴经营模式研究院院长

彭剑锋　华夏基石集团董事长

李志华　华夏基石阿米巴创新研究院院长
　　　　华夏基石集团副总裁

鞠宪钢　华夏基石阿米巴创新研究院副院长
　　　　对外经贸大学财务共享研究中心外聘专家
　　　　中国食品工业协会外聘专家

策划主持： 李志华　华夏基石集团高级合伙人
　　　　　尚艳玲　《洞察》主编，高级合伙人

文字整理： 尚艳玲

阿米巴经营是由日本经营之圣稻盛和夫首创的经营哲学。稻盛和夫创建了两家世界500强企业——1959年设立的京都陶瓷和1984年成立的第二电信（现为日本第二大通信公司），特别是稻盛先生拯救日航，使阿米巴经营一举成为关注热点，日航成为行业扭亏为盈的经典案例。

什么是阿米巴？简单地说，在正确的经营哲学指导下，把整个组织划分成若干小单元；这些小单元独立经营、自主核算，培养有经营意识的人才，产生群策群力的经营活动。所谓正确的经营哲学，稻盛和夫认为是“敬天爱人”“利他之心为本”。他曾说：“一般认为，决定企业盛衰的是眼睛看得见的、有形的要素，比如资金能力、技术能力及经营者制定的企业战略等。我认为，这些因素固然重要，然而比这些更重要的是眼睛看不见的、无形的因素，就是员工的意识以及作为这种意识的集合体的组织的风气或者企业文化。在企业里，每一位员工对自己的公司抱有自豪感，从内心祈愿公司成长发展，并为此竭尽努力。”

但阿米巴经营被引进中国，经历了一波三折的发展过程。由于存在对阿米巴经营哲学的认识误区和操作误区，以及没有充分考虑中日不同的文化背景，或者没有很好地与企业的实际情况相结合，大部分引进阿米巴经营的中国企业都没能达到预期目标。这使得人们开始怀疑阿米巴是否“水土不服”。

但在 2015 年以后，中梁、慧聪等几家坚持探索和实践阿米巴经营的企业取得令人瞩目的成功，如中梁地产导入阿米巴富生态模式后从 300 多亿元做到 1300 多亿元，慧聪网阿米巴经营使其年收入从 30 多亿元做到 120 多亿元，技阳新研导入“人本精益管理系统”，在 2018 年以 180 亿元的销售收入获得世界盛和塾最高奖项。这让中国企业看到了阿米巴经营的价值及实践的可能性。

其实，任何一种被实践验证过的经营哲学，都有它颠扑不破的真理——它一定是符合了某些底层规律才得以成功的。今天的中国企业，大可不必被“阿米巴”这个称谓局限。应从正确认识阿米巴经营的底层逻辑开始，基于阿米巴、学习阿米巴、发展阿米巴，用中国人最擅长的结构式创新、整合式创新思维，把包括阿米巴经营在内的成功的经营哲学和最优实践拿来为我所用，探索一条后工业化时代的中国化管理新范式建设之路。

李志华：后阿米巴时代的“六脉”精髓

1. 随时代发展的阿米巴

丹尼尔·贝尔将工业社会发展划分为三个阶段：前工业社会、工业社会和后工业社会。工业社会以经济增长为核心，人与机器是资源。后工业社会以知识为中轴，企业的竞争是人才的竞争，人与人之间是知识的竞争，人的价值进一步放大，人是企业最具有成长、最活跃的价值要素。随着移动互联网时代的到来，未来世界将更加透明，人们将更容易获取信息，依据信息不对称和贸易壁垒赚钱的方式越来越难，而靠人类智慧、技术创新才能够提高企业的竞争力。

工业社会的阿米巴经营模式是传统的1.0时代，1.0时代强调“以事为中心”，组织划分和价值核算是阿米巴的重点；而后工业化时代的阿米巴经营则强调的是“以人为中心”，对人的潜能激活，通过“用心经营，私心了无”，提高员工的心性和经营能力，发挥全体员工群策群力的智慧。那么，什么是后阿米巴经营呢？

后阿米巴经营是强调以人为核心，企业在正确的经营理念指导下，借助移动互联网，将组织划分成一个个小团体，通过自主经营、独立核算，在公司内部培养具备经营意识的人才，实现全员参与的经营方式。

后阿米巴时代，经营思想是凝聚全体员工的智慧，企业的每位员工都从属于自己的阿米巴小组。每个阿米巴都是一个独立的利润中心，集生产、会计、经营于一体，就像一个中小企业那样运作，虽然关键事项的决策需要经过上司的同意，但是经营计划、实绩管理、劳务管理等所有经营上的事情都由他们自主运作。各个阿米巴小组之间能够随意分拆与组合，这样可以让公司对市场的变化做出快速反应。

2. 后阿米巴时代的“六脉”精髓

中国企业在实践阿米巴经营的过程中，不同的企业外在形式有所差异，但是阿米巴经营的核——“精髓”不能变，大家对此要有统一认识，不然就会“走火入魔”。那么，阿米巴经营的“精髓”是什么呢？也就是要正确认识到3个“不仅仅是”和3个“不是而是”。

（1）3个“不仅仅是”

第一，阿米巴经营是通过激发员工的活力将员工的智慧转化成良好的业绩（单位时间附加值），靠的不仅仅是价值核算，还有经营哲学。价值核算和经营哲学是一枚硬币的两面，两者不可或缺，思想指导行为，行为反映思想。只是有些企业急于追求业绩，仅仅导入阿米巴核算体系，短期有效果，时间长了就暴露很多问题。当然，也有企业只导入经营哲学，期望员工自我感悟、自我提升业绩，最后也是变形走样。正确的做法是将价值管理和经营哲学同时导入，根据企业不同发展阶段，可以选择强化核算或者经营哲学，使二者实现互动，典型的如东莞技阳新研，创造了人本精益管理系统（文化管理系统、精益管理系统、人才培养系统的统一），通过TCC班组活动实现哲学共有和价值核算，并培养出优秀的经营人才。

第二，阿米巴经营结果不仅仅是物质激励，而且要全面薪酬管理。阿米巴经营理念是追求全体员工物质与精神两方面幸福的同时，为人类和社会的进步与发展做出贡献。稻盛和夫倡导的是“敬天爱人”，而在中国也有类似的文化，比如张瑞敏所说大部分人是“敬己爱钱”，所以物质激励在中国特定时期下（住房、医疗、教育大量开支）不但有效，而且还应占据激励很大一部分。但是如果纯粹讲物质激励后果也是可怕的，这种激励会使员工过于追求个人的得失，变得“自私自利”，没有利他思想。而非物质激励，如荣誉、认可、职业发展机会、培训等在后工业化时代所占比例会逐步上升，所以企业要平衡物质与非物质激励，实施全面的薪酬管理。

第三，阿米巴经营不仅仅是经营会计核算，还要准确有效。阿米巴经营是收入最大化、成本费用最小化，（收入 - 成本）/工作总时间 = 单位时间附加值，没有多少人看懂传统的会计记账模式，而经营会计浅显易懂。没有核算就不能掌握数据，没有数据就谈不上经营。会计核算是阿米巴经营的特征，但是会计核算的数据延迟或者数据不准确，会直接影响经营数据的价值。

2012 年，我们在日本学习期间，专门到一家导入阿米巴经营的牛排店参观学习，我们发现该店面通过简单的 Excel 表核算出昨天的经营数据，简单有效。但是，在中国，特别是制造业，生产工序多、生产流程长，如果仅仅用简单人工或者 Excel 进行数据核算，会增加很多工作量，企业为此增加很多会计核算人员，这样不仅增加了人工成本，也降低了效率，准确度也值得商榷。而如今数字化时代，华夏基石阿米巴创新研究院开发出的 IT 软件可以极大地提高会计核算的速度和准确度。比如雅迪汽车，员工当天就可以在车间大屏幕上了解今日经营数据，并根据数据及时调整下一期工作策略。

（2）3 个“不是而是”

第一，阿米巴不是垂直管理，而是客户导向型经营。客户是企业生存的根本，阿米巴经营从传统的交付变成交易，以前的“官本位”的垂直管理会严重影响客户的响应速度、错失市场战机。以客户为导向的倒三角形管理模式，建立内部客户概念，一方面便于每个阿米巴相对独立地自主经营，提高经营业绩；另一方面也可以让每位员工都能够感受到市场的温度，了解客户的真正需求。海尔建立了新的组织，叫平台 + 自主经营体 + 创客，通过倒三角形的组织结构，及时了解客户需求，为客户提供更好的产品和服务。

第二，阿米巴不是个人主义，而是团队协作共赢。阿米巴经营强调团队，体现集体力量，通过划小经营单元，清晰了解团队中每个人的表现。而受西方管理学的影响，中国很多企业强调个人英雄主义，因此出现售楼处销售人员“抢客户”的现象，一旦“英雄”离开公司，公司业绩会受到极大的影响。后工业化时代，阿米巴经营更加强调团队，发挥团队的协作力量，华为的铁三角、韩都衣舍的班组制靠的就是团队的力量。庆丰包子铺，一个店面有十几位员工，如果今天完成 1.8 万元业绩，就给每个人奖励 10 元；完成 2 万元业绩，奖励 15 元；完成 2.4 万元业绩，奖励 20 元，这种共享激发团队的力量，再加上人数少，每位员工的表现大家都能看得到，让“落后”的员工自己感觉不好意思，这就慢慢形成了团队氛围，大家愿意协作共赢。

第三，阿米巴不是被动管理，而是主动经营。有的企业虽然实施了所谓的“阿米巴经营”，只是划小核算单位，进行价值核算，没有每日的业绩发表会和月度的“空吧”，形成不了群策群力的氛围，员工还是被动地被巴长安排工作，工作模式没有改变，新瓶装老酒。而阿米巴经营是要发挥全体员工的智慧，员工要主动地思考经营中产生的问题，并积极提出建议或对策。如果还是传统的被动管理，企业管理的成本会越来越高，效率下降，最终会遇到规模瓶颈。究其原因，是指令性管理造成的，指令性管理是被动管理。在员工看来，公司让我干什么我就干什么，而阿米巴强调自主第一、管理第二。

3. *后阿米巴经营的发展趋势*

在数字化、互联网化的后工业文明时代，激发组织活力，人人成为经营体，但是当企业规模发展到一定阶段，就会出现前端数量众多且规模较小的阿米巴经营单元与大后端的人才培养速度、组织赋能能力不匹配，进一步约束阿米巴经营体的数量和质量，所以未来阿米巴经营组织发展趋势需要在以下两个方面强化。

第一，组织平台化。在移动互联网时代，随着生产碎片化、需求定制化、市场透明化、经营小型化的趋势，共享经济为商业伙伴成为共享平台提供了可能性，并能够将各种相互依赖的不同群体集合在一起；通过促进群体间高效互动，创造独有价值，互联网使组织平台化产生新的商业生态，共享和专业化在平台上；基于平台下的经营体之间互动频繁，经营体之间协作共赢，企业之间竞争更加充分。所以未来组织要平台化，组织的张力会更大。

第二，后台赋能化。平台的组织能力决定阿米巴的运营能力。中后台的赋能大小决定前台的阿米巴走多远、走多深。大规模标准化支撑平台，数据上移，平台化管理，基于数据对阿米巴进行赋能，为前端阿米巴单元导入知识和各类资源，让每个阿米巴经营体都能在平台的支持下，快速升级为超级创客。阿里巴巴强大的中后台能力决定了阿里巴巴拥有前端的淘宝、天猫、聚划算等经营单元。

这种组织平台化、后台赋能化、经营自主化——平台赋能型自主经营体是后阿米巴时代的特征，未来企业要强化平台建设，对于阿米巴单元加大支持和赋能角色。腾讯的“新赛马机制”就是强化组织平台赋能的作用，这样可以孵化和加速阿米巴经营单元的发展，这样的企业才能够在后工业时代形成自己的竞争力。

邹轩：阿米巴的创新实践成就中梁地产

近几年，中梁地产逐渐为人熟知，走进公众视野中。中梁地产在中国香港上市，标志着经过二十多年的发展，中梁走到了一个新的里程碑。回头总结过去的二十多年，特别是 2013 年以来，中梁的快速发展是有很多因素促成的，其中一个重要原因是坚持阿米巴经营，如今已经到了 3.0 阶段。

一直到 2015 年左右，中梁还是温州的一家小房企，年产值只有三四十亿元，员工不到 700 人。虽然在温州市场做到了市场占有率的 1/3，每卖 3 套房，就有一套是中梁售出的，但温州市场已经趋于饱和，中梁很难再有新的突破。为了走出去，中梁开始变革。

变革要有思想指导。董事长特别爱学习，经常邀请知名专家交流探讨。一段时间里，董事长一周召集公司高管开两次会，内容就一项：读书。

经过一系列学习交流探讨，查了很多资料，看了很多数据后，中梁最终选定了日本稻盛和夫的阿米巴经营这样一套总体思想。通过这一思想，学习阿米巴的经营理念。

1. 阿米巴 1.0 版：三个关键词

2015 年，中梁地产开始了阿米巴的 1.0 阶段。这一阶段的主要特点是引进，有三个关键词：分开、竞争、授权。

一是分开。按照稻盛和夫的阿米巴思想，组织、经营、自主核算即内部核算。由此，中梁将温州的 1 家区域公司裂变为 5 家区域公司，其中 1 家是走出温州的，实现了组织上的分开。

二是竞争。分开后需要竞争，以竞争激发活力，这是中梁对中国式阿米巴经营的创新点。日本更多讲合作，中国更多讲竞争。这是文化的不同，也是不能对日本经验照搬照抄的原因。

三是授权。充分授权，不用什么事情都向老板汇报，进行自主经营、自主核算。

2016 年底，中梁通过阿米巴经营“三板斧”裂变出 15 家区域公司，扩展到江苏、浙江、安徽等地，迅速打开了局面。

2. 阿米巴 2.0 版本：“1335 密码”

2017 年，中梁的区域公司继续扩张到 35 家。这时，集团层面出现了一个严重的问题：管不过来了。为应对这种局面，中梁对阿米巴经营进行二次提升，提出阿米巴生态经营模式，作为完整的中梁阿米巴概念，形成更加体系化的阿米巴 2.0 版本，即“1335”密码。

“1”是一个成功方程式，即企业成功 = 思维方式 × 努力 × 能力。“3”是突破 3 大发展瓶颈，即规模瓶颈、市场瓶颈、信用瓶颈。“3”是构建 3 大闭环系统，即哲学系统、核算系统和中梁创新的生态竞争系统。“5”是打造 5 大支撑体系，分别从组织、人才、机制、核算和公开体系上支撑 2.0 版本的阿米巴。通过理念二次升华，组织二次变革，中梁为拉开区域、集团层级打下了很好的基础。

3. 阿米巴 3.0 版本：打造平台赋能型阿米巴经营模式

中梁对阿米巴的认识又提高了一个层次，也遇到了新的问题。目前，中国经济已经进入新的发展阶段，预计会长期维持在一个相对低位轨道上，各行各业都受到了影响，地产也无法独善其身。

这种情况下，中梁过去的阿米巴 1.0、2.0 版本已不能满足企业的发展需要。中梁如何走出下行周期，成为迫切需要解决的难题。杨剑董事长带领集团高层在与许多专家学者交流后，提出平台赋能型阿米巴经营模式，即把阿米巴小组织后面的支撑平台建立起来，重塑阿米巴前台、中台、后台概念，中梁对阿米巴的认知又提高了一个层次。

（1）打造灵活敏捷型业务前台

前几年，中梁准确地踩中市场周期，充分运用阿米巴前台的优势，灵活、快速、小团队、多样化、适应性强、自驱力强、创新力强、经营意识强等，把前台的能量发挥到了极致，在机会成长期取得了巨大的成功。

因此，前台更应该像特种部队，配备全职能的业务获取能力，强调执行，在瞬息万变的市场环境中灵活、精简、高效地捕捉机会信息，呼唤后方的炮火支援，最终实现经营目标。

（2）打造能力建设型赋能中台

前两年，彭剑锋教授前往中梁交流时，曾多次提到大平台的概念，当时的中梁就已在思考如何搭建平台，但各方面条件尚未成熟。事实证明，如果不能向小组织赋能，一旦市场下行，遭遇寒冬，单个小组织缺乏御寒能力，就会“生病”，甚至大面积“死亡”，这就是单纯阿米巴小组织的劣势。

与此同时，只重视经营前台还会出现很多问题，比如短期业绩导向、绝对小微化、结构松散、本位主义、偏向小我、个体能量有限、难以应对大环境改变等，而赋能型平台组织（中梁内部称为中台）却能很好地解决这些问题。

在思维导向上，平台型组织强调外部顾客导向，既要注重经营的短期目标，也要关注客户的长期利益，从而保障公司的可持续经营；在结构特征上，平台型组织是在大平台支持下的扁平化柔性架构，结构更加灵活，组合更加方便；在管控模式上，平台型组织是基于使命和价值观管控下的充分授权，形散而神不散；在组织文化上，平台型组织强调创新，既高度自主，又高度开放，和谐共生；在经营决策上，平台型组织整合资源的能力更强，因此在抵御大环境改变时生命力也更强。最后一点，也是最重要的，平台型组织很好地处理了企业和员工的关系，不再是过去单纯阿米巴下的市场化交易关系，而是更深层次的合伙人关系。是合伙人，就不能只考虑眼前的利益，不能只在乎一城一池的得失，要有大局观、大视野、大格局。生产关系的升级所带来的，必定是生产力的又一轮解放。

我们常说能力要建在组织上，大中台就是要对下面的一线经营单位赋能，它就更像是战区或航母编队，拥有丰富的作战资源和强大的作战能力。地产行业，以前不那么重视管理，因为市场好，只要一个楼盘开出来就会被抢疯；市场情况不好，那就先歇一歇，多囤点货等待下一波行情。但现在环境不一样了，未来很难再有大的行情周期，整个行业逐渐趋于冷静，回归产品力和制造业成为主流。现在就要更加强调精细化，向管理要效益，要更加务实，进行管理制度、操作指引等内功体系化能力建设。

（3）打造创新管控型治理后台

在中梁平台赋能型阿米巴经营模式里，还有一个后台的概念，更偏向于公司治理的层面。后台主要负责文化价值观的传承、治理体系的设计、理论理念的研究、标准方向的把握等，承担着核心作战指挥部的作用。此外，信息化、数据治理、资本运作等全公司所有底层基础能力的建设，也归于治理后台。治理后台的存在是为了让赋能中台和业务前台更好地运作并达到集团的终极目的。

小前台、大中台、强后台，构成了中梁新阶段下的赋能型阿米巴经营模式，回顾中梁的发展历程，特别是近几年来，中梁每次组织变革都有阿米巴的影子。作为一家特别讲究理论指导实践，战略彻底贯彻到执行的公司，在这波漫长的下行周期里，中梁走的是比较稳健的。

中梁是以项目阿米巴为基础，以平台赋能 + 自主经营体为模式成长起来的。我们也特别要感谢华夏基石能把它提炼出来，作为中国式阿米巴的成功实践案例。中梁特别希望平台赋能型自主经营体的模式能在中国推广下去，在实践中继续创新优化。

鞠宪钢：走出阿米巴的实践误区，创新发展中国阿米巴

非官方调研数据显示，中国的阿米巴成功概率只有 30%，实际上可能还更低。是阿米巴经营本身有问题还是我们在落地实践中步入了误区？面向未来，中国企业又将如何利用好阿米巴，支撑企业迈向新的成功？

1. 阿米巴的实践误区

为什么中国企业搞阿米巴成功者不多？梳理一下，大部分是在核算方面栽了跟头，没有真正建立起支撑核算的数据体系。背后的主要原因是没能真正抓住阿米巴经营的本质。

（1）手工核算引发的“血案”

很多企业在导入阿米巴模式时，倡导让“巴长”独立经营体负责人“手工核算”。列个账本，美其名曰培养负责人的“经营意识”。如今，我们已经进入后工业时代、数字化经营时代，如果公司在阿米巴操作过程中，仍然使用手工核算，是不现实的，一定会遇到很多瓶颈。事实上，这也是很多企业失败的最大原因，60%的公司都倒在核算这个层面上。毫不客气地讲，这个是“手工核算”引发的“血案”。

阿米巴的落地是科技和管理混合的经营会计。经营会计＝数字化经营体系＝IT软件系统＋经营体系，阿米巴落地一定是通过IT化的。如果没有建立数字化的经营体系，依靠人工核算的“经营会计”，核算不科学，效率低下，必然导致失败。

稻盛和夫最早推行阿米巴时，确实是手工核算，但到了1975年左右，森田直行在京瓷大面积推广阿米巴的时候，所有的阿米巴都是基于软件信息系统核算的。到了拯救日航的阶段，森田直行先生追随稻盛和夫入主日航，导入核算时也是通过信息软件。

本质上，阿米巴模式相当于科技和管理的跨界学科，这是企业家需要认识清楚的本质和核心。

（2）为了核算而核算的形式主义

有家制造业央企在落地阿米巴模式时，将第一道工序生产的产品一道道内部定价转移，他们认为这就是核算，可以让每道工序传导市场压力。

其实不然，真正核算的过程中有很多手法和细节，并不是简单为了交易而核算。**阿米巴本质是“核算人心”，是“价值核**

算”，不是为了核算而核算。对核算缺乏真实的认识，为了核算而核算，这是许多公司导入阿米巴的最大问题。

中国企业与日本企业的经营有所不同，日本企业按单生产，中国企业大部分是库存拉动，模式、方法、策略都不一样，不能照搬日本的做法。，阿米巴是价值核算，阿米巴的核算体系有别于传统方式，它本身是一项系统化工程，比如质量、建议、创新皆可为收入，用核算引导企业往正确的经营方向前进。

（3）对数据不信任导致的不敢“分钱”

根据我们的观察，中国企业的老板只要选择阿米巴模式的，一般心性都不错，都是有“分享”意识的。但实际情况是，老板最后往往对分钱很犹豫。为什么?

因为老板不相信最后核算的数据。很多企业都没有建立起数字化的“作战体系”，老板的思维是到了“美军的快速反应体系”，但是末端战斗单元的“数字化经营体系”不足以支撑他这个思维。数据算不准，与传统财务数据的差异也说不清楚，这时候分钱，老板对数据是不信任的，觉得数字有问题。一旦不分钱，整个阿米巴体系就会崩塌，最后不了了之。

2. 阿米巴模式在中国企业的发展趋势

尽管阿米巴在中国企业实践中还存在着误区，但阿米巴经营的价值还是被不少中国企业所认可的。尤其是这三四年，在中国企业面临不确定的环境，开始回归到客户价值、回归人的价值发现这个大的命题上。在寻找突破成长之道时，在实践层面又掀起一小股热潮，且出现了以下几个变化。

（1）阿米巴热由南向北转移，由民企向国企和上市公司转移

最初，“阿米巴热”仅集中在广东沿海一带，广州地区因为是民营企业的桥头堡，所以最早培育了“中国阿米巴”这个市场。现在这个趋势正在由南向北转移，比如传统北部地区（河南、山东、京津冀、东三省等）已经有很多企业开展有关阿米巴的项目。

以往，很多传统的中国大型企业并不重视“经营管理”，像“全面预算”这种西方管理的战略落地工具，落地成功的犹如凤毛麟角，多是将其挂在墙上而不是作为管理工具来用。

改革开放以来，很多大型企业在技术和市场方面发展得很快，但是在“经营管理”方面下的功夫不够，内功相对较弱。而当中国经济进入下行通道，大企业比小企业承受的压力更大，大家就越来越重视经营管理，正在由机会主义向精细化管理转变。大型企业需弥补四十多年来缺失的东西。其实，从管理学角度看，阿米巴模式并不是颠覆式的一种创造，“经营会计”本身是管理会计的一种变化。从这个角度看，“阿米巴模式”相当于帮助狂奔中的大型企业补上在“经营管理”方面的功课。

（2）回归价值重新认识阿米巴

一是逐渐认识到阿米巴模式落地是科技 + 咨询的融合。以前，企业选择阿米巴时，仅有咨询。如今，在咨询时，则要求必须有软件。这证明，企业对数字化经营体系的认识已经到了一定高度。阿米巴模式的落地本质是落实“数字化经营体系”，这样才产生了转型的契机。未来的阿米巴模式落地一定是科技 + 咨询的融合模式。

二是阿米模式的落地推动了企业加深对“价值核算”的理解。比如我们正在辅导的一家养殖和深加工的大型农牧业企业，他们注重的就是把整个“自主经营体”的质量创新量化为数字收入，这是典型的“价值核算”。这种模式不是传统的“财务利润核算”，而是一种新的核算方法。这与稻盛和夫的体系并不一样，这个是基于中国管理模式背景下的创新。

（3）阿米巴模式 + 合伙人机制成为新方向

以前谈合伙人都比较空泛，因为合伙人最重要的是分钱的规则，如果没有方法，不能量化，就无法分钱，即使引入了合伙人机制也没有价值，因为你还是没法回答“到底谁创造了利润”这一命题。现在，合伙人机制 + 阿米巴模式的“量化核算分钱”完美解决了传统合伙人机制的问题，同时也是未来阿米巴模式发展的新方向。

实践中这一做法其实也引出另一个话题：阿米巴在实践中的发展和丰富，阿米巴的时代适应性。

其实，今天的中国企业大可不必被“阿米巴”这个称谓所局限。比如我们的某个大型客户落地阿米巴叫作“店铺合伙人计划”，因为其中很多模式已经不是传统的稻盛式的阿米巴了。所以，我们提出“平台赋能型自主经营体”这个概念也就越来越有必要性，在后阿米巴时代，基于中国土壤的新经营模式也将呼之欲出。

彭剑锋：平台赋能型自主经营体：后工业化时代经营管理新范式

1. 阿米巴经营哲学的中国实践之困

阿米巴经营哲学是20世纪经营管理的伟大创造之一，其创始人稻盛和夫用阿米巴的经营实践成就了两家世界五百强企业（京瓷与KDDI)，并挽救了濒于破产的日航，创造了全球企业发展史上的奇迹。令人遗憾的是，阿米巴经营引进中国也有一二十年的时间了，真正严格按照阿米巴经营理念和操作流程来做的，成功的案例极少。

为什么在中国完全按照阿米巴经营哲学进行实践的成功案例不多？原因有以下几个方面。

第一，很多企业只学了阿米巴的形式，没有学到阿米巴经营的本质。阿米巴是经营管理哲学 + 会计核算 + 阿米巴组织的“三位一体”的经营管理系统。中国企业之所以学阿米巴不成功，首先是因为把三者人为割裂开了，没有把这三者打通，融为一体。

要么对阿米巴的经营哲学的认知停留在“心灵鸡汤”的层次上，要么只是作为一种价值核算方法而不是作为一种经营管理体系进行落地。没有在经营理念、阿米巴组织、运营核算上打通，形成体系；光从理念上片面理解为企业经营管理上的一剂灵丹妙药，或只是一套核算方法，都很难在中国企业落地、难以产生实际的作用。

第二，阿米巴真正在中国应用面临三个层面的挑战。

一是经营哲学的挑战。阿米巴经营哲学的核心是“敬天爱人”，敬天就是尊重自然规律，尊重常识；爱人就是尊重人，善待人，发挥人的主观能动性，让人自我驱动、自我管理。中国虽然很多企业也提出了以人为本、尊重人性，但实际上我们的公司治理与组织还是金字塔式的科层制，领导方式还是威权式、管控式的，并没有真正把人看作是有情感和有自我驱动力的活性的人，还是把人当物和工具来看待。

真正践行阿米巴，首先整个企业的经营哲学就必须尊重人，要发挥人的内在潜能，人是目的不是工具，但目前为止整个文化还没有形成这种认知基础。

二是中国企业成长的过程本质上是机会导向，随机性较大，管理也很随意，很难建立起严格的价值核算体系。而日本企业从一开始就是精益管理，信息对称，从战略到经营计划再到核算是打通的。日本企业特别注重经营计划的制订，企业内部的经营计划管理要比中国的企业强很多，他们不是机会导向的，完全是基于经营计划来做预算和核算的，战略、经营计划、预算、核算体系是打通的。而我们的企业到目前为止仍是机会导向，大多数企业没有严谨的经营计划，也没有预算系统，很难真正建立起价值核算体系。

中国企业难建立核算体系，除了企业经营随机性大，还有一个原因是大多数没有实现信息化。没有信息化就没有数据，有数据的很多也都是假数据。既没有经营计划，又没有实现信息化，信息不对称，怎么做核算呢？一搞核算就带来巨大的管理成本。

自主经营、独立核算是阿米巴的精髓，核算才能创造价值，如果建立不起来价值核算体系，阿米巴就落不了地。

三是组织平台化与团队协同的问题。我们目前的企业组织绝大多数还是金字塔式的，并不是平台化、赋能型的组织，组织内部各职能之间彼此形成部门墙、流程桶，团队之间难以合作和协同。整个组织还是老板一个人说了算，决策权集中在高层，企业还是以管控为核心而不是以赋能与协同为核心，但阿米巴落地实际上是需要有赋能型平台做支撑和团队自动协同机制的。没有赋能型平台及团队合作协同文化，只会各算各的账，以包代管，搞阿米巴就是搞个体户经营，很难做到大企业既有小企业自主经营的活力，又有集约化规模经营的效益。

第三，中国人的文化心理特点与日本人是有差异的。阿米巴经营的动力机制主要是进行精神鼓励，而不是物质激励。因为日本企业里，团队文化和耻文化可以说深入日本人的骨髓。如果团队里大多数人都拿到八分的业绩，而你只做出六分业绩，物质待遇并不会比创造八分业绩的人少，但你在团队中会感到拖了团队的后腿，会有强烈的羞耻感，你因而会“知耻而后勇”，会更加努力地工作。

我认为，世界现在最重要的是相互理解。如果不能站在对方的角度思考问题，就会有冲突和难以调和的矛盾。

中国人的文化心理就是习惯于“灰度”，保持方向大致正确。我们首先要看到方向，方向没错就认为问题不大；但是不太关注细节，可以说是从来就不尊重细节。这点与欧美文化、日本文化差异非常大。

2. 阿米巴的价值将在后业化时代放大

阿米巴经营哲学在哲学思想上与中国的道家、儒家思想是一致的——敬天爱人；在管理方法上，它强调精细化，有核算体系。

稻盛和夫曾经认为，阿米巴经营最有可能在中国大放光彩，因为文化同源。但事与愿违，阿米巴经营在中国推行缓慢，可以说不成功。原因除了上述分析的，深层的复杂因素在这里就不一一研究了。

我认为，阿米巴经营哲学和管理思想是非常符合后工业文明时代的需求，中国企业还是要学习阿米巴的思想。

第一，后工业文明时代，管理对象是知识型员工，越来越强调自主、授权、信任，强调“人是目的”，阿米巴经营哲学符合这个时代的要求。

第二，后工业文明时代是数字化运营，信息对称透明，技术倒逼人改变。现在数字化倒逼企业必须核算价值，核算人力资本，整个人力资源管理可以基于数字化进入价值核算时代。这时候，阿米巴的核算体系在中国就有落地的基础了。中国进入数字化时代，为阿米巴的应用提供了技术基础和前提。

第三，未来企业的经营模式就是我提出的“六化”：战略生态化、组织平台化、人才合伙化、运营数字化、领导赋能化、产业要素社会化。**“六化”经营模式的到来，为阿米巴在中国的平台化 + 分布式提供了条件。**

阿米巴经营需要平台支撑，未来中国搞阿米巴一定是平台 + 分布式、平台 + 管道式。这已经有不少实践案例，只不过他们没有使用阿米巴经营这种概念。

平台 + 分布式就是温氏模式，平台 + 一个一个的农场，自主经营、分布式生产作业。还有平台 + 管道式，是绝味食品。它所有的零售终端——那些“夫妻店”，都是自主经营的；也是绝味和消费者之间的管道，因为在绝味的平台上，由绝味提供产品、提供数据、提供标准化。还有华为的平台 + 项目组、海尔的平台 + 自主经营体，等等。

这就是阿米巴的实质，即基于数字化的平台化管理 + 分布式经营。

分布式经营的前提是组织实现“责任下沉、权力下放、独立核算、自主经营”。有了这个前提，再加上后面有数字化平台，才能实现独立核算自主经营；才能真正地推出人才合伙制；人才才能合伙化。

从阿米巴的经营理念到核算体系，再到独立的阿米巴组织，我认为它的经营哲学和管理思想是符合后工业文明时代、数字化时代的管理需求的。所以，今天大家可能不一定用“阿米巴”这个概念，但要吸收阿米巴经营哲学的精华。

3. 平台赋能型自主经营体：时代经营新趋势

平台赋能型 + 分布式的经营模式是中国化了的阿米巴，底层的理念是一致的，但是结合了时代特点、未来趋势及中国特色。我们提出来要重新定义阿米巴，吸收阿米巴的精髓，建立真正能支撑中国企业成长发展的管理新范式。

阿米巴的精髓与后工业化时代中国企业经营的趋势性需求是一致的：第一，人要成为企业经营核心，要实现从“要我干”到“我要干”，再到“我们一起干”；第二，进入人力资本价值管理时代，每个人、每个团队的价值创造都要核算出来，这也符合；第三，大企业化成小前端、小组织单元，保持组织的活力。

事实上，中国有很多企业的实践与这些理论是一致的。比如华为是平台 + 项目式铁三角，OPPO、vivo、绝味食品都是平台化 + 管道，温氏是平台 + 分布式生产作业，中梁地产是平台 + 项目制，等等。

这些企业都有一个特点就是：盈利能力非常强，规模效益非常好。因为采用自主经营体，风险也都分散了，既可以发挥大公司的优势，又保持了小公司般的活力。

后阿米巴时代与后工业文明时代的到来，赋予阿米巴全新的含义。从战略到组织，到领导，到雇佣机制，再到经营要素，其实是可以把它打通，实现我所讲的“六化”。实际上就形成了一套全新的基于后工业文明时代的经营管理模式，一套系统变革。

这些并不是我们在这里设想出来的，而是中国企业在实践中探索出来的，有不少成功的实践案例，如小米、阿里巴巴、永辉超市等。

企业在实践层面，一定要把理论基础打通，不能形式主义，学个皮毛。比如很多企业学习华为“让听得见炮声去做决策”的机制，但是不学华为的中台、后台，不学习华为的十大管理平台。还有一些企业有一定的平台化，但是不能自主，还是集权管理。

平台赋能型的自主经营体模式，要求企业既要平台化经营，也要平台化管理。小米、阿里巴巴、滴滴打车都是平台型经营模式。滴滴打车就是为司机赋能，提供数据赋能；阿里巴巴是提供交易赋能、支付赋能；小米是提供从产品设计到渠道生态的赋能，其实都叫平台型经营模式。

老板·创业

一、经理人

书名	内容	书名	内容
老总有想法，高层有干法 王清华　著	企业将、帅之间的定位问题、角色问题、方法问题、思维问题、管理问题等	**历史深处的管理智慧1：组织建设与用人之道** 刘文瑞　著	通过历史鉴照当今企业选人用人、二代接班人、创业团队管理等问题
历史深处的管理智慧2：战略决策与经营运作 刘文瑞　著	通过历史鉴照当今企业决策、战略规划、战略冒进、决策监督等问题	**历史深处的管理智慧3：领导修炼与文化素养** 刘文瑞　著	通过历史鉴照当今企业的领导修养、用权、管理风格等问题
老板经理人双赢之道 陈　明　著	经理人怎养选平台、怎么开局，老板怎样选/育/用/留		

二、用人

书名	内容	书名	内容
用好骨干员工 王　敏　著	系统化分享关键人才打造与激励方法	**领导这样点燃你的下属** 孟广桥　著	领导者如何才能让员工积极主动地工作
让用人回归简单 宋新宇　著	帮助管理者抓住用人的要害，让用人变得简单		

三、转型·创业

书名	内容	书名	内容
创业要过哪些坎 董　坤　著	15年创业咨询经验总结的创业遇到的问题及办法	**高潜牛人** 董　坤　著	创业和事业发展中如何找到牛人
成为下一个SaaS独角兽 崔牛会　主编	19位SaaS领专家，7个不同的视角总结SaaS行业实践	**创模式：23个行业创新案例** 段传敏　著	CEO社群23位企业家的思考与实践分享。
重生——中国企业的战略转型 施　炜　著	本书对中国企业战略转型的方向、路径及策略性举措提出了建议和意见。	**7个转变，让公司3年胜出** 李　蓓　著	企业估值、业务模式、营销、生产制造、客户服务、用户黏性到组织管理7个转变
企业二次创业成功路线图 夏惊鸣　著	五步骤给出了一幅企业二次创业经营突破、管理提升的成功路线图	**跟老板"偷师"学创业** 吴江萍　余晓雷　著	如何通过"偷师"学习与积累当老板的阅历
公司由小到大要过哪些坎 卢　强　著	企业成长路线图，现在我在哪，未来还要走哪些路，都清楚了	**跳出同质思维，从跟随到领先** 郭　剑　著	66个精彩案例剖析，帮助老板突破行业长期思维惯性

企业经营

书名	内容	书名	内容
经营打造你的盈利系统 高可为　著	选择最有效的经营策略，打造属于自己的商业模式	**中国企业的觉醒** 王　涛　著	企业告别自私、野蛮，转向善良、爱，才会赢得消费者
成为敏感而体贴的公司 王　涛　著	未来有竞争力的企业，一定是那些敏感而体贴的公司！	**有意识的思考** 王　涛　著	对头脑中固有观念保持觉察，从而超越它们的局限
简单思考 孔祥云　著	著名咨询公司（AMT）CEO创业历程中的经验与思考	**写给企业家的公司与家庭财务规划** 周荣辉　著	以企业的发展周期为主线，写各阶段企业与企业主家庭的财务规划

续表

书名	内容	书名	内容
从10亿到100亿的企业顶层设计 刘建兆　**著**	重新定义企业成长方式，有效益、有效率、有效能、有效果、有品质的良性成长。	**活系统：跟任正非学当老板** 孙行健　尹　贤　**著**	造活系统，使系统活，靠系统活，活得系统。
宗：一位制造业企业家的思考 刘建兆　**著**	发展20年营业额近亿元制造业企业家的思考与心得	**使命：驱动企业成长** 高可为　**著**	用大企业发展轨迹及企业家的心路历程，揭示企业成长的基因，做事的逻辑
让经营回归简单 宋新宇　**著**	战略、客户、产品、员工、成长、经营者的经营法则	**边干边学做老板** 黄中强　**著**	86个案例讲述中小公司成长过程遇到的问题和方法
盈利原本就这么简单 高可为　**著**	跨越业务与财务边界，为企业提高盈利水平提供方法。		
综合管理			
一、企业管理			
让管理回归简单 宋新宇　**著**	从目标、组织、决策、授权、人才、老板自己等提供方案	**管理的尺度** 刘文瑞　**著**	西医式的体检化验，又要施加中医式的望闻问切
管理：以规则驾驭人性 王春强　**著**	人性驾驭角度权度运筹安排的可兑现性，管理有效性	**看电影，学管理** 刘文瑞　**著**	十六部电影的解读，揭示电影内含的管理之道
好管理　靠修行 曾　伟　**著**	从佛法、道法思想中寻找管理智慧	**公司大了，怎么管** 金国华　**著**	成长型企业发展中的共性问题，通过案例实录解开
低效会议怎么改 王玉荣　葛新红　**著**	从梳理公司会议体系的层面改变低效会议的现状	**年初订计划年尾有结果** 郭　晓　**著**	总结七步落地方案让战略计划切实落地实现
分股合心 段　磊　周　剑　**著**	围绕股权激励，详细介绍相关知识和实行方法	**员工心理学超级漫画版** 邢　磊　**著**	漫画形式对组织中个体心理的全面介绍和深入探讨
让投诉客户满意离开 孟广桥　**著**	投诉法律法规，应对各种投诉技巧等提升客诉能力		
二、管理思想			
管理学的奠基者 刘文瑞　**著**	近代以来的管理思想发展揭示管理思想的演化奥秘	**巴纳德组织理论研读** 郭　威　**著**	深度研读巴纳德《经理人员的职能》，帮你理解和看懂
管理学在中国 刘文瑞　**著**	科学看待管理学流入中国，对继承发展进行深入阐述	**德鲁克管理学** 张远凤　**著**	以德鲁克管理思想发展为线展示20世纪管理学发展
德鲁克与他的论敌们 罗　珉　**著**	德鲁克与马斯洛、戴明等诸多管理大师论战的故事	**德鲁克管理思想解读** 罗　珉　**著**	作为德鲁克学生全面解构其思想的精髓与实践价值
治论：中国古代管理思想 张再林　**著**	深入分析中国古代哲学基本精神的基础上，梳理分析了儒法墨三家的管理思想		

续表

营销·销售			
一、企业销售			
书名	内容	书名	内容
大客户销售这样说这样做 陆和平　著	大客户销售活动的十大模块，68个典型销售场景	**向高层销售** 贺兵一　著	销售人员与客户高层打交道需要重点掌握的知识、技巧
资深大客户经理 叶敦明　著	将大客户经理必须具备的规划、策略、执行三种能力连通自如	**成为资深的销售经理** 陆和平　著	让销售经理成功把握销售管理6个关键点，并提供工具
销售是个专业活 陆和平　著	据客户采购流程拆分销售过程10阶段，讲解方法技巧	**学话术　卖产品** 张小虎　著	手机、电动车、家电、食品等消费品的一线销售话术
二、企业营销			
新营销组织力 迪智成　著	适应最新数字化外部环境，系统化协同组织能力建设	**营销按钮** 老　苗　著	讲述存在于人性以及各个营销环节中的“按钮”
精品营销战略 杜建君　著	“精品营销战略”核心逻辑与营销组合策略	**360°谈营销** 王清华　古怀亮　著	营销是立体的，从不同角度观察不同企业的营销精髓
互联网精准营销 蒋　军　著	互联网时代整3体策划、包装品牌和产品	**招招见销量的营销常识** 刘文新　著	做好基本的营销动作都可以提高销量、减低成本
用数字解放营销人 黄润霖　著	用数字说话覆盖营销工作的方方面面	**用营销计划锁定胜局** 黄润霖　著	让营销计划落地，营销人员只需解决两个问题：基数与概率
我们的营销真案例 联纵智达研究院　著	五芳斋粽子、诺贝尔瓷砖、利豪家具、保健品、娃哈哈	**中国营销战实录** 联纵智达研究院　著	51个案例，46家企业，46万字，18年积淀
弱势品牌如何做营销 李政权　著	产品与物流通道、服务通道、促销互动通路提供方法	**解决方案营销实战案例** 刘祖轲　著	十大工业品作者实操案例解码解决方案营销
升级你的营销组织 程绍珊　吴越舟　著	根据企业实际情况建立有机性营销组织	**变局下的营销模式升级** 程绍珊　叶　宁　著	十年大量案例归纳三种核心驱动要素，三种升级方向
老板如何管营销 史贤龙　著	以十六个招式，理论与案例相结合，高段位营销方法	**孙子兵法营销战** 刘文新　著	理解《孙子兵法》原意的同时，还可体悟到营销之用
三、品牌			
中国品牌营销十三战法 朱玉童　著	深度演绎最符合企业品牌营销策划的十三套实战战法	**中小企业如何打造区域强势品牌** 吴　之　著	如何建立强势品牌的角度解析扩张难题
四、营销策划			
这样写文案，就没有卖不动的产品 秦　剑　刘安丽　著	术、法、道三个层面由浅至深培养商业文案创作能力	**洞察人性的营销战术** 沈　坤　著	介绍了28个匪夷所思的营销怪招，大部分甚至可以直接运用

续表

书名	内容	书名	内容
双剑破局：沈坤营销策划案例集 沈　坤　著	双剑公司8年来的实操案例，每个项目诞生过程、策划角度和方法		
企业案例			
鲁花：一粒花生撬动的粮油帝国 余　盛　著	鲁花如何成长为优秀的带动农业产业发展的品牌，鲁花你一定学得会	**金龙鱼背后的粮油帝国** 余　盛　著	以金龙鱼为脉的一部中国粮油行业的史诗
你不知道的加多宝 曲宗恺　牛玮娜　著	以时间为轴线，详细叙述了加多宝品牌的发展历程	**静水流深** 黄治国　著	作者在美的十五年对何享健近内部讲话资料的整理
娃哈哈区域标杆 罗宏文　快车君 赵晓萌　寇尚伟	讲娃哈哈豫北市场如何成为娃哈哈全国第一大市场、全国增量第一的市场	**借力咨询：德邦成长背后的秘密** 官同良　王祥伍　著	德邦将自己积累的与咨询公司发展共赢的合作逻辑和盘托出
六个核桃凭什么从0过100亿 张学军　著	全视角深度解读养元企业的裂变成长，复盘十年蜕变轨迹	**像六个核桃一样** 王　超　著	六个核桃为什么卖得这么好，产品畅销的6大要义36条简明法则
中国首家未来超市 IBMG集团　著	对乐城超市的掌门人及内部员工的采访详细阐释了乐城的经验	**三四线城市超市如何快速成长：解密甘雨亭** IBMG集团　著	甘雨亭的许多关键经营指标均高于行业标准，学习其成功的方法
集团化企业阿米巴实战案例 初勇钢　著	作者在某酒厂推行阿米巴经营模式的心得		
经销商			
新经销：新零售时代教你做大商 黄润霖　著	探访近100位经销商在传统营销手法上的创新，传统营销微创新和新营销本地化	**商用车经销商运营实战** 杜建君　王朝阳 章晓青　著	对商用车经销商的经营与管理、4S店运营做了全方面的系统总结
跟行业老手学经销商开发与管理 黄润霖　著	从管理耐用消费品经销商角度提炼了48个代表性问题并给出解决办法	**快消品经销商如何快速做大** 黄润霖　著	经销商如何通过经营实现规模，通过管理实现规模效益
建材家居经销商实战42章经 王庆云　著	经营管理的心法和战法，帮助经销商成为“业务妙手”和“管理能手”	**成为最赚钱的家具建材经销商** 李治江　著	针对建材家居行业的经销商，从销售模式、产品、门店、市场等方面给出方法
白酒经销商的第一本书 唐江华　著	经销商如何选择厂家、合作、运营品牌等问题给建议	**快消品招商的第一本书** 刘　雷　著	从招商理论到招商动作进行系列化分解，化繁为简
中小企业			
中小企业如何打造区域强势品牌 吴　之　著	如何建立强势品牌的角度解析扩张难题	**用流程解放管理者** 张国祥　著	8个板块构成，共66篇文章，14幅流程管理图
用流程解放管理者2 张国祥　著	对中小企业规范化流程管理进行系统的阐述	**弱势品牌如何做营销** 李政权　著	产品与物流通道、服务通道、促销互动通路提供方法

续表

书名	内容	书名	内容
本土化人力资源管理8大思维 周　剑　著	用最贴近中国中小企业现实管理情境的案例去讲述周围人的“家事”	**中小农业企业品牌战法** 韩　旭　著	农业企业需要全产业链视野，更需要品牌实战方法
门店销售冠军复制系统 王吉坤　著	门店型企业如何打造可复制的销售冠军系统，凡是门店型企业都可以使用	**新零售动作分解与实操：建材·家居·家具** 盛斌子　著	对泛家居行业趋势、店面管理、团队管理、促销推广、五感营销等提供策略
家具建材促销与引流 薛　亮　李永锋　著	对泛家居营销执行模式和工具、关键环节等进行汇总	**建材家居门店6力爆破** 贾同领　著	产品力、导购力、形象力、推广力、服务力、组织力
家具行业操盘手 王献永　著	总结家具终端门店发展的现状及问题并给出策略	**手把手教你做专业督导** 熊亚柱　著	系统梳理督导的核心技能，岗位职责、工作流程及技能
手把手帮建材家居导购业绩倍增 熊亚柱　著	针对建材家居门店的业务人员，案例故事还原场景教你成为好导购	**10步成为最棒的建材家居门店店长** 徐伟泽　著	梳理店长管理的核心工作职责，店面管理规范和帮助销售人员成长
建材家居门店销量提升 贾同领　著	9个板块讲述建材门店一个单店如何做到经营的良性循环	**总部有多强大，门店就能走多远** IBMG集团　著	五大方向综合阐述连锁零售企业总部如何提升管理能力
赚不赚钱靠店长，从懂管理到会经营 孙彩军　著	注重专卖店的经营思路拓展，门店管理细节方面能力提升	**新医改了，药店就要这样开** 尚　锋　著	从药店定位的思考，内部和会员管理等几个方面探讨中小型药店发展方向
门店管理			
电商来了，实体药店如何突围 尚　锋　著	新时代药店经营三驾马车：药学专业服务、会员贴心服务和精准定向促销	**引爆药店成交率1：店员导购实战** 范月明　著	药店人的零售工作怎样接待顾客，完善销售技巧
引爆药店成交率2：药店经营实战 范月明　著	从药店经营角度如何建立改善门店现状的实用标准	**引爆药店成交率：专业化销售解决方案** 范月明　著	从简单的拿药服务到提供多角度的专业解决方案
互联网			
一、互联网转型			
画出公司的互联网进化路线图 李　蓓　著	18个“可以……吗”的问题作为你产品、客户和价值方面的指引牌	**7个转变，让公司3年胜出** 李　蓓　著	企业估值、业务模式、营销、生产制造、客户服务、用户黏性到组织管理7个转变
重生战略移动互联网和大数据时代的转型法则 沈　拓　著	四个重生战略对应四个法则告知传统企业的转型重生之路	**创造增量市场：传统企业互联网转型之道** 刘红明　著	为读者提供了寻找这些互联网的切入点和接触点的具体方法，带来增量市场
互联网+变与不变 本土管理实践与创新论坛　著	61篇精华文章，聚焦传统行业如何互联网+时代转型	**今后这样做品牌** 蒋　军　著	顶层设计、营销创新、产品战略、渠道变革、品牌策略
移动互联新玩法 史贤龙　著	立足现实，剖析新时代背景下的移动互联趋势与热点	**互联网时代的成本观** 程　翔　著	多维组合成本的互联网精神和大数据特征及应用

续表

书名	内容	书名	内容
正在发生的转型升级实践 本土管理实践与创新论坛　著	100多位本土管理专家当年对最新一年的思考和实践	**1000铁杆女粉丝** 张兵武　著	如何让普通女性成为忠实追随的铁杆粉丝，磁力点、情感结、甜蜜区、信任圈
混沌与秩序Ⅰ：变革时代企业领先之道 彭剑锋　施　炜 苗兆光　王祥伍 孙　波　夏惊鸣	新环境下企业面临变革应如何应对，作为企业家又应当如何坚守并与企业共同成长提出了深度思考	**混沌与秩序Ⅱ：变革时代管理新思维** 彭剑锋　施　炜 苗兆光　王祥伍 孙　波　夏惊鸣	对处于时代变革下的企业管理新机制、人力资源管理新思维，组织与人的新型关系，结合案例提出优化建议
消费升级：实践·研究 本土管理实践与创新论坛　著	从经营、管理、行业三个方面记录消费升级下的实践	**互联网精准营销** 蒋　军　著	互联网时代整体策划、包装品牌和产品
二、抖音、微信微商、电商			
抖音营销系统 刘大贺　著	抖音系统的实战营销知识，上百个从0做大的案例	**金牌微商团队长** 罗晓慧　著	微商团队长创业实操的指导工具书
微商生意经：真实再现33个成功案例操作全程 伏泓霖　罗晓慧　著	精心挑选的33个微商成功案例，阐述具体操作过程	**快速见效的企业微信营销方法** 孙　巍　著	站在微信生态的立体高度系统讲述企业微信快营销方法论
阿里巴巴实战运营：14招玩转诚信通 聂志新　著	产品定位、阿里巴巴排名因素、数据分析，标题优化等如何做好阿里巴巴	**阿里巴巴实战运营2：诚信通热卖技巧** 聂志新　著	打开诚信通运营的金钥匙，10大具体运营技巧
三、行业新营销			
餐饮新营销 杨　勇　程绍珊　著	聚焦餐饮企业转型，系统的餐饮企业营销管理体系	**新零售进化路径** 李政权　著	预先复盘新零售及商业的未来，找到方向
珠宝黄金新营销 崔德乾　著	珠宝业新营销/新品牌/新产品/新零售/新连接/新场景/新服务/新传播/新管理	**新经销：新零售时代教你做大商** 黄润霖　著	探访近100位经销商在传统营销手法上的创新，传统营销微创新和新营销本地化
新零售动作分解与实操：建材·家居·家具 盛斌子　著	对泛家居行业趋势、店面管理、团队管理、促销推广、五感营销等提供策略	**新营销** 刘春雄　著	让品牌商和渠道商掌握获得独立流量的能力，能够与平台商博弈
快速见效的企业网络营销方法　B2B　大宗B2C 张　进　著	数据和案例90%来自作者服务的中小企业，快速全面地学习企业网络营销方法	**移动互联下的超市升级** 联商网专栏　著	超市未来的发展趋势，对社区超市、生鲜、全渠道建设、O2O等提出观点
百货零售全渠道营销策略 陈继展　著	零售行业的竞争重点、行业本质，战略转型、未来趋势、经验和案例	**互联网时代的银行转型** 韩友斌　著	银行业在互联网金融变革浪潮中所做的积极应对和转型布局
触发需求：互联网新营销样本·水产 何足奇　著	通过鲜誉案例解读阐述水产行业如何进行互联网转型	**新农资如何弯道超车** 刘祖轲　著	从农业产业化、互联网转型、行业营销与经营突破四个方面阐述农资企业转型

续表

书名	内容	书名	内容
新零售　新终端 迪智成　著	将新零售系统打法做梳理并落地在新终端建设上		
医药医疗			
一、药店			
新医改了，药店就要这样开 尚　锋　著	从药店定位的思考，内部和会员管理等几个方面探讨中小型药店发展方向	**电商来了，实体药店如何突围** 尚　锋　著	新时代药店经营三驾马车：药学专业服务、会员贴心服务和精准定向促销
引爆药店成交率1：店员导购实战 范月明　著	药店人的零售工作怎样接待顾客，完善销售技巧	**引爆药店成交率2：药店经营实战** 范月明　著	从药店经营角度如何建立改善门店现状的实用标准
引爆药店成交率：专业化销售解决方案 范月明　著	从简单的拿药服务到提供多角度的专业解决方案		
二、药品销售			
医药第三终端：从控销到动销　诊所　基层医疗 王祥君　张芳文　著	用大量案例来梳理药企落地动销的策略、方法和技战术	**医药营销：诊所开发维护与动销** 张江民　著	从六个方面系统阐述基层诊所市场营销攻略
处方药合规推广实战宝典 赵佳震　著	对处方药推广体系搭建、推广人员岗位内容等六个方面进行阐述	**医药代理商经营全指导** 戴文杰　著	从产品选择、价格体系设计、路径管理等维度描述代理商产品操作的基本策略
处方药零售这样做 田　军　著	处方药零售的重要性及做市场的具体措施和方法	**OTC医药代表药店开发与维护** 鄢圣安　著	一位从初级OTC医药销售代表成长起来的销售经理的经验分享
OTC医药代表药店销售36计 鄢圣安　著	以《三十六计》为线，写OTC医药代表向药店销售的一些技巧与策略		
三、药企转型			
药企战略·运营与医药产业重构 杜　臣　著	对医药产业的深度认知与发展趋势结合，战略思考与经营操作相统一	**医药行业大洗牌与药企创新** 林延君　沈　斌　著	围绕着创新介绍医药行业，介绍近百家医药企业创新实践案例
医药新营销 史立臣　著	从药企最关心的八个方面阐述制药企业、医药商业企业营销模式转型	**医药企业转型升级战略** 史立臣　著	商业模式转型、管理转型、定位转型、运营模式转型和跨界转型五方面阐述转型
新医改下的医药营销与团队管理 史立臣　著	立足新医改相关政策的解读，为中小医药企业出谋划策	**在中国，医药营销这样做** 段继东　著	时代方略在医药营销领域思想、方法文章的精选合集
四、新医疗			
成为医疗器械领军者 王　强　著	中小型医疗器械生产企业和代理商怎样转型	**新型诊所经营与创新** 动脉网　著	对新型诊所从标准化管理、经营方式、团队建设、连锁模式四个方面进行解读

续表

书名	内容	书名	内容
医美新风口：颜值经济下的亿万市场 动脉网　著	详细介绍中国医疗美容行业的发展趋势，现状以及医美产业链等	**互联网医院：正在发生的医疗新变革** 动脉网　著	介绍互联网医院的建设与运营、管理，发展模式和市场布局，以及发展规律
快消品			
一、快消案例			
中国快消品营销这些年 史贤龙　著	一本书浓缩快消品营销15年的实战历程与前沿思考	**这样打造大单品** 迪智成　著	通过13个大案例帮助企业梳理打造大单品的路径
你不知道的加多宝 曲宗恺　牛玮娜　著	以时间为轴线，详细叙述了加多宝品牌的发展历程	**娃哈哈区域标杆** 罗宏文　快车君 赵晓萌　寇尚伟	讲娃哈哈豫北市场如何成为娃哈哈全国第一大市场、全国增量第一的市场
六个核桃凭什么从0过100亿 张学军　著	全视角深度解读养元企业的裂变成长，复盘十年蜕变轨迹	**像六个核桃一样** 王　超　著	六个核桃为什么卖得这么好，产品畅销的6大要义36条简明法则
5小时读懂快消品营销 陈海超　著	20年快速消品市场风云洞察解码，丰富的案例解析		
二、快消品区域经理			
快消品营销团队管理 刘　雷　伯建新　著	快消品团队管理相关的20余个工具＋20余个案例	**这样打造快消品区域标杆** 罗宏文　牛玉龙　著	分为两篇解决如何成功打造标杆市场和进行持续增量管理两大问题
成为优秀的快消品区域经理（升级版） 伯建新　著	作为区域经理的“速成催化器”，升级版增加11篇内容	**快消老手都在这样做：区域经理操盘锦囊** 方　刚　著	一线成长起来的资深快消品营销人“压箱底”绝活亲囊而授
快消品营销人的第一本书 刘雷　伯建新　著	针对一线厂家业务员工作中常遇到的问题给予建议	**销售轨迹：一位快消品营销总监的拼搏之路** 秦国伟　著	一个普通营销人的故事，16年背井离乡的职场拼搏之路
快消品营销：一位销售经理的工作心得2 蒋　军　著	从市场操作、团队管理、传播推广、营销的具体策略和战略等方面提供方法		
三、快消品动销			
动销：产品是如何畅销起来的 余晓雷　著	怎么被消费者买走和竞争对手是谁这两个原点解决动销问题	**动销操盘：节奏掌控与社群时代新战法** 朱志明　著	用七个章节阐述关于动销操盘的要诀，节点、节奏、主次、条件匹配性等问题
动销四维：全程辅导与新品上市 高继中　著	从产品、渠道、促销和新品上市四个方面详细讲解提高动销的具体方法		
四、快消品渠道			
深度分销 施　炜　著	流道价值链、模式选择、渠道策略与管理、零售经销商管理、最佳实践、团队建设	**通路精耕操作全解周俊** 陈小龙　著	对康师傅制胜法宝通路精耕进行系统介绍与说明，图表和完善入微的操作方法

续表

书名	内容	书名	内容
酒水饮料快消品餐饮渠道营销手册 朱伟杰　著	对餐饮渠道深入挖掘，建立适合餐饮渠道发展的服务模式和组织保障措施	**快消品经销商如何快速做大** 杨永华　著	经销商如何通过经营实现规模，通过管理实现规模效益
快消品营销与渠道管理 谭长春　著	解决日常涉及的渠道管理、市场、产品等营销事务	**快消品招商的第一本书** 刘　雷　著	从招商理论到招商动作进行系列化分解，化繁为简
采纳方法：化解渠道冲突 朱玉童　著	21 个最新的渠道冲突案例立体地介绍渠道冲突的现象和方法		
五、快消品企业战略			
重构：快消品企业重生之道 杨永华　著	从战略，品牌，市场，产品，营销，系统，管理 7 个方面进行重构	**变局下的快消品实战策略** 杨永华　著	从 5 个角度针对快消品企业如何应对行业变局给出答案
新营销 刘春雄　著	让品牌商和渠道商掌握获得独立流量的能力，能够与平台商博弈	**采纳方法：破解本土营销 8 大难题** 朱玉童　著	破解困扰营销人的八大难题变给出解决方法
白酒营销培训宝典：复制高业绩 刘孝鞅　著	总结白酒营销人员系统运作市场的要点，转化为易学可复制的动作和工具表单	**酒水饮料快消品餐饮渠道营销手册** 朱伟杰　著	对餐饮渠道深入挖掘，建立适合餐饮渠道发展的服务模式和组织保障措施
白酒营销的第一本书 唐江华　著	多角度阐释白酒一线市场操作的最新模式和方法	**白酒经销商的第一本书** 唐江华　著	经销商如何选择厂家、合作、运营品牌等问题给建议
白酒到底如何卖 赵海永　著	多角度地阐释了白酒一线市场操作的最新模式和方法	**白酒到底如何卖 2：从市场培育到动销** 赵海永　著	系统化、标准化、模式化的促成动销的实战操作方式和方法
变局下的白酒企业重构 杨永华　著	白酒企业重构期的营销战略与实操策略 6 大方法	**酒业转型大时代** 微　酒　著	酒水营销、新闻资讯及行业分析、预测的知识宝典
区域型白酒企业营销必胜法则 朱志明　著	以 36 条法则从战略、营销、推广、产品线、品牌、市场、战术、等方面提供方法	**10 步成功运作白酒区域市场** 朱志明　著	从市场攻守、产品攻略、新品上市、占领渠道、促销等十个层面阐述
茶·调味品·油·乳业			
营销中国茶：2 小时读懂茶叶营销 史贤龙　著	中国茶营销的“困局”“破局”和“创举”	**中国茶叶营销第一书** 柏　龑　著	纵览中国茶叶市场的全局，并且有针对性地提出问题并阐述解决方法
调味品营销第一书 陈小龙　著	15 年监控中国市场 50 个中外著名调味品品牌市场运作、管理等得到的经验总结	**调味品企业八大必胜法则** 张　戟　著	提炼了调味品企业八大规律性的关键成功要素
食用油营销的第一本书 余　盛　著	从小包装油行业概述到产品的基本知识，从基本执行动作到品牌整体策划等	**鲁花：一粒花生撬动的粮油帝国** 余　盛　著	鲁花如何成长为优秀的带动农业产业发展的品牌，鲁花你一定学得会

续表

书名	内容	书名	内容
金龙鱼背后的粮油帝国 余　盛　著	以金龙鱼为脉的一部中国粮油行业的史诗	**乳业营销的第一本书** 侯军伟　著	区域型乳品企业如何才能够稳健的发展
工业品			
一、工业品销售			
大客户销售这样说这样做 陆和平　著	大客户销售活动的十大模块，68个典型销售场景	**销售是个专业活　B2B** 陆和平　著	据客户采购流程拆分销售过程10阶段，讲解方法技巧
成为资深的销售经理：B2B　工业品 陆和平　著	让销售经理成功把握销售管理6个关键点，并提供工具	**一切为了订单：订单驱动下的工业品营销实践** 唐道明　著	以订单流程的三个环节为主线讲述工业品营销管理新思路
二、工业品营销			
工业品营销管理实务(第4版) 李洪道　著	是信任导向工业品营销体系的深化版、工业品营销管理体系优化咨询升级版	**工业品企业如何做品牌** 张东利　著	为当下中国制造的品牌化转型提供经过实践证明的理念、方法和体系
工业品市场部实战全指导 杜　忠　著	解决职能不清、市场部五大职能如何运作、职业发展路径等具体问题	**解决方案营销实战案例** 刘祖轲　著	十大工业品作者实操案例解码解决方案营销
资深大客户经理：策略准　执行狠 叶敦明　著	将大客户经理必须具备的规划、策略、执行三种能力连通自如		
三、工业品企业			
变局下的工业品企业7大机遇 叶敦明　著	探索工业品企业成长的新机会，7大战略与战术性机会	**两化融合管理体系贯标流程与方法** 戴　勇　著	融合五十多家企业在两化融合贯标过程的经验，总结重点与举措
丁兴良讲工业4.0 丁兴良　著	多角度阐述中国在工业4.0的机遇和挑战		
建材家居			
一、建材家居门店			
家居建材促销与引流 薛　亮　李永锋　著	对泛家居营销执行模式和工具、关键环节等进行汇总	**新零售动作分解与实操：建材·家居·家具** 盛斌子　著	对泛家居行业趋势、店面管理、团队管理、促销推广、五感营销等提供策略
家具行业操盘手 王献永　著	总结家具终端门店发展的现状及问题并给出策略	**手把手教你做专业督导** 熊亚柱　著	系统梳理督导的核心技能，岗位职责、工作流程及技能
手把手帮建材家居导购业绩倍增 熊亚柱　著	针对建材家居门店的业务人员，案例故事还原场景教你成为好导购	**10步成为最棒的建材家居门店店长** 徐伟泽　著	梳理店长管理的核心工作职责，店面管理规范和帮助销售人员成长
建材家居门店销量提升 贾同领　著	9个板块讲述建材一个单店如何做到经营的良性循环	**建材家居门店6力爆破** 贾同领　著	产品力、导购力、形象力、推广力、服务力、组织力
二、建材家居经销商			
新经销：新零售时代教你做大商 黄润霖　著	探访近100位经销商在传统营销手法上的创新，传统营销微创新和新营销本地化	**建材家居经销商42章经** 王庆云　著	经营管理的心法和战法，帮助经销商成为“业务妙手”和“管理能手”

续表

书名	内容	书名	内容
成为最赚钱的家具建材经销商 李治江　著	针对建材家居行业的经销商，从销售模式、产品、门店、市场等方面给出方法		
三、建材家居企业			
定制家居黄金十年 韩　锋　翁长华　著	对中国定制家居行业20年发展历程深度、系统、专业的解读	**建材家居营销：除了促销还能做什么** 孙嘉晖　著	探索家居建材行业营销的革命，回顾和思考来发现行业"营销天花板"的突破口
建材家居营销实务：新环境、新战法 程绍珊　杨鸿贵　著	针对建材家居市场特点提出以客户价值为基础的整体营销价值链		
零货·超市·百货			
新零售进化路径 李政权　著	预先复盘新零售及商业的未来，找到方向	**新零售　新终端** 迪智成　著	将新零售系统打法做梳理并落地在新终端建设上
移动互联下的超市升级 联商网　著	超市未来的发展趋势，对社区超市、生鲜、全渠道建设、O2O等提出观点	**百货零售全渠道营销策略** 陈继展　著	零售行业的竞争重点、行业本质，战略转型、未来趋势、经验和案例
超市卖场定价策略与品类管理 IBMG集团　著	零售企业的市场拓展与商品定位、商品结构与商品陈列、毛利分析与库存分析	**连锁零售企业招聘与培训破解之道** IBMG集团　著	围绕零售企业组织架构、培训体系建设等内容进行深刻探讨
总部有多强大，门店就能走多元 IBMG集团　著	五大方向综合阐述连锁零售企业总部如何提升管理能力	**三四线城市超市如何快速成长：解密甘雨亭** IBMG集团　著	甘雨亭的许多关键经营指标均高于行业标准，学习其成功的方法
中国首家未来超市：解密安徽乐城 IBMG集团　著	对乐城超市的掌门人及内部员工的采访详细阐释了乐城的经验	**零售：把客流变成购买力** 丁　昀　著	通过大量的实际案例对中国零售业态的升级转型之路提出思考
餐饮·服装·影院			
餐饮新营销 杨　勇　程绍珊　著	聚焦餐饮企业转型，系统的餐饮企业营销管理体系	**电影院的下一个黄金十年** 李保煜　著	介绍了中国电影产业的运作模式以及电影院的开发、设计思路
餐饮企业经营策略第一书 吴　坚　著	阐述餐饮企业产品之道、市场之道、顾客之道及盈利之道	**赚不赚钱靠店长，从懂管理到会经营** 孙彩军　著	注重专卖店的经营思路拓展，门店管理细节方面能力提升
农牧业			
一、农资			
饲料营销有方法 陈石平　著	饲料营销的7大核心命题	**农资营销实战全指导** 张　博　著	深度营销在农资市场行之有效的营销策略和工具
新农资如何弯道超车 刘祖轲　著	从农业产业化、互联网转型、行业营销与经营突破		

续表

书名	内容	书名	内容
二、农牧企业			
中国牧场管理实战 黄剑黎　著	牧场管理标准、管理制度、操作规程做出剖析和指引	中小农业企业品牌战法 韩　旭　著	农业企业需要全产业链视野，更需要品牌实战方法
变局下的农牧企业9大成长策略 彭志雄　著	为农牧企业量身打造了9个立足现在、展望未来的成长策略	农产品营销实战第一书 胡浪球　著	针对33个农产品营销的核心问题提供具体招数
地产·汽车			
一、地产			
中国城市群房地产投资策略 吕俊博　刘　宏　著	挖掘主要城市群的现状特征、发展因子、演化趋势、竞争关系等，给出分析建议	产业园区/产业地产：规划、招商、实战运营 阎立忠　著	认知、规划、招商、运营四方面系统解读产业园区的建设精要和运营技巧
人文商业地产策划 戴欣明　著	“全球化视野（创意）”+“人文+”思维		
二、汽车			
商用车经销商运营实战 杜建君　著	对商用车经销商的经营与管理、4S店运营做了全方面的系统总结	汽车配件这样卖 俞士耀　著	适合轮胎、机油、维修、快保、美容、洗车等汽车服务业态销售实操办法
润滑油销售：这样说，这样做更有效 张金荣　著	总结润滑油销售面对三大客户常遇到的200余个营销问题解决方法		
投资理财·收购资本			
交易心理分析 马克·道格拉斯 【美】　著	一语道破赢家的思考方式，并提供了具体的训练方法	财报背后的投资机会 蒋　豹　著	零基础轻松掌握财务报表的相关知识，快速入门
写给企业家的公司与家庭财务规划 周荣辉　著	以企业的发展周期为主线，写各阶段企业与企业主家庭的财务规划	分股合心 段　磊　周　剑　著	围绕股权激励，详细介绍相关知识和实行方法
成功并购300问 浩德并购军师联盟　著	系统学习资本运作和企业并购知识的金融工具书	并购名著阅读指南 叶兴平　著	全球5000多本并购图书中精选200本并进行评价
阿米巴			
阿米巴经营的中国模式 李志华　著	基于阿米巴经典理念提出了适合中国本土的员工自主经营的“1532”模型	集团化企业阿米巴实战案例 初勇钢　著	作者在某酒厂推行阿米巴经营模式的心得
中国式阿米巴落地实践之激活组织 胡八一　著	划分原则、裂变与整合、组织管控、重新定位、巴长竞聘和组阁	中国式阿米巴落地实践之从交付到交易 胡八一　著	从6个方面阐述经营会计，从交付到交易是成功实施阿米巴的标志
中国式阿米巴落地实践之持续盈利 胡八一　著	企业做平台、平台做成阿米巴、阿米巴做成合伙制		

续表

人力资源管理			
一、绩效·薪酬			
书名	内容	书名	内容
回归本源看绩效 孙　波　著	从目的和概念帮助企业梳理绩效管理与经营的关系	走出薪酬管理误区 全怀周　著	7个常见薪酬误区入手为企业提供一套系统解决方法
曹子祥教你做绩效管理 曹子祥　著	作者核心授课课程的还原，掌握绩效管理的核心内容	曹子祥教你做激励性薪酬设计 曹子祥　著	作者28年咨询经验总结，如何进行科学的薪酬体系设计
二、招聘·面试·培训			
把招聘做到极致 远　鸣　著	多年人力资源资深招聘经理多年工作心得提炼	把面试做到极致 孟广桥　著	一套实用的确定岗位招聘标准、提升面试官技能方法
人才评价中心漫画版 邢　雷　著	用漫画形式写成的人才测评专业书籍	世界500强资深培训经理人教你做培训管理 陈　锐　著	从构建培训体系、培训组织、培训文化、开发培训资源教你做培训管理
三、HR高管·劳动法			
经营型HRD 黄渊明　著	总结企业HRD如何支撑企业经营成功抓好七件关键事情	人才供应链：实现高绩效均衡的人才管理模式 许　锋　著	打造人才供应链的四大支柱，十项修炼的完整体系
新任HR高管如何从0到1 新　海　著	到互联网创业型企业担任HRVP，从0到1建立较完善的HR体系	人力资源体系与e－HR信息化建设 刘书生　陈　莹 王美佳　著	6大框架、28个关注点、5大目标、6大优势、166个交付物咨询体系和盘托出
集团化人力资源管理实践 李小勇　著	针对集团型企业人力资源管理急问题，提出科学建议	我的人力资源管理笔记 张　伟　著	第三方咨询视角跳出“技术方法”看人力资源管理
人力资源的5分钟劳动法 李皓楠　著	入职管理、在职管理、离职管理中遇到的劳动法问题及应对		
四、HRBP			
HRBP是这样炼成的之菜鸟起飞 黄渊明　著	作者在初步转型HRBP两年时间里摸索实践的亲身经历与总结	HRBP是这样炼成的之中级修炼 黄渊明　著	结合作者亲身从事HRBP的工作经历，总结HRBP的作战故事
HRBP高级修炼 黄渊明　著	故事方式，HRD角度深度呈现运用HRBP的思维、方法		
企业文化			
企业文化落地本土实践 王祥伍　著	华夏基石“知信行”模型描绘企业文化落地路线图	企业文化的逻辑 王祥伍　著	从文化起源深刻剖析文化、效率、企业、企业文化联系
企业文化定位·落地一本通 王明胤　著	企业文化理念传播和落地聚焦的17种方法，解读了近100个实战案例	36个拿来就用的企业文化建设工具 海融心胜　著	汇集整理了36个通用的企业文化实践工具

续表

书名	内容	书名	内容
企业文化激活沟通 宋杼宸　安　琪　著	系统阐述沟通与企业文化的关系，给予企业提升沟通效能的企业文化解决方案	**企业文化建设超级漫画版** 邢　雷　著	用漫画形式写成的企业文化建设专业书籍，理论体系和29个具体的操作方法
在组织中绽放自我 朱仁建　著	个人与组织之间的关系，文化对组织化形成的影响		
		流程管理	
营销·研发·供应链业务架构与流程管理 谭勋晖　著	对营销、研发、供应链这三大业务流程变革实践经验总结	**打造集成供应链** 王春强　著	第一用力在"集成"上，梳理内外部各相关模块及其依赖关系
人人都要懂流程 金国华　余雅丽　著	50幅流程管理漫画，内部对流程价值理念的高度共识	**用流程解放管理者** 张国祥　著	8个板块构成，共66篇文章，14幅流程管理图
用流程解放管理者2 张国祥　著	对中小企业规范化流程管理进行系统的阐述	**跟我们学建流程体系** 陈立云　罗均丽　著	在《跟我们做流程管理》基础上丰富了标杆实践案例
16949质量管理体系落地与全套文件汇编 谭洪华　著	对IATF16949每个条款讲解采用理解、作用、落地、模板、成功案例四个模块解析	**ISO9001：2015制造业文件模板全集** 贺红喜　著	五篇内容组成的完整的质量管理体系工具文件
精益质量管理实战工具 贺小林　著	四个方面对精益质量管理进行了全方位介绍和解读，并提供大量方法工具	**五大质量工具详解及运用案例** 谭洪华　著	APQP、FMEA、MSA、SPC、PPAP这五大质量工具的具体运用
IATF16949质量管理体系详解与案例文件汇编 谭洪华　著	针对IATF16949的标准原文做详细解说，同时提供大量表单案例	**SA8000：2014社会责任体系认证实战** 吕　林　著	将SA8000多版本及10多年的体系实战经验汇编成书
ISO9001：2015新版质量管理体系解读与案例文件汇编 谭洪华　著	ISO9001：2015新版标准理解和运用操作进行详细解读	**ISO14001：2015新版环境管理体系解读与案例文件汇编** 谭洪华　著	ISO14001：2015改版后的差别和操作运用进行详细讲解
		精益生产	
一、精益·JIT·IE			
精益思维 刘承元　著	作者二十余年企业经营和咨询管理的经验总结	**比日本工厂更高效** 刘承元　著	管理提升无极限+超强经营力+精益改善里的成功实践
计划与物流精益改善之道 于晓光　著	围绕"计划与物流战略咨询的方法论"进行解析，提供方法论和案例	**300张现场图看懂精益5S** 乐　涛　著	通过日本丰田、上市企业案例，用300张现场图系统讲解5S管理
3A顾问精益实践1：IE与效率提升 党新民　苏迎斌　蓝旭日　著	系统、全面地介绍IE工厂管理技术，提高效率创造价值	**3A顾问精益实践2：JIT与精益改善** 肖智军　党新民　著	系统、全面地介绍JIT生产方式，并加入实践案例
高员工流失率下的精益生产 余伟辉　著	从三方面论述推行精益管理时如何应对员工流失		

续表

书名	内容	书名	内容
二、生产管理			
化工企业工艺安全管理实操 黄　娜　著	围绕化工工艺安全14要素来展开分析	手把手教你做专业生产经理 黄　娜　著	生产经理如何在信息流、物流、资金流三大流中开展工作
欧博心法：好工厂　靠管理 曾　伟　著	从管人篇和管事篇帮助读者解决人难管、事难控	欧博工厂案例1：生产计划管控对话录 曾　伟　曾子豪　著	工厂管理生产计划管控模块的8个全景细节大案例
欧博工厂案例2：品质技术改善对话录 曾　伟　曾子豪　著	工厂管理品质、技术、效率管理模块的10个全景细节大案例	欧博工厂案例3：员工执行力提升对话录 曾　伟　曾子豪　著	工厂管理人员管控模块的5个全景细节大案例
工厂管理实战工具 曾　伟　著	中国传统文化指导下的工厂管理工具		
全能型班组：城市能源互联网与电力班组升级 国网天津电力公司　著	从互联网时期的班组转型升级出发，对新型班组组织模式和运行机制进行设想	国网天津电力全能型班组建设实务 国网天津电力公司　著	聚焦天津电力公司在探索全能型班组转型升级时的优秀实践
车间人员管理那些事儿 岑立聪　著	小事入手把基层车间管理者头疼的事务打包解决		
咨询·培训师			
培训师事业长青之道 廖信琳　著	培训师自我管理的“洋葱模型”，十项内容与五个层级	管理咨询师的第一本书 熊亚柱　著	深度剖析初级入行咨询师在工作中会遇到的问题
资深管理咨询顾问工作心得 张国祥　著	使用手册讲述咨询师如何操作项目，老板如何选择咨询师，企业如何自主落地	手把手教你做顶尖企业内训师 熊亚柱　著	从开、控、收、编、制、用的角度去践行培训师的职责
TTT培训师精进三部曲上 廖信林　著	手把手教您“深度改善现场培训效果”的一招一式	TTT培训师精进三部曲中 廖信林　著	建构一整套培训课程设计与开发的认知架构和方法体系
TTT培训师精进三部曲下 廖信林　著	通过“沉淀职业功力的六度模型”，帮助培训师在职业技能上的持续精进		
产品·研发			
研发体系改进之道 靖　爽　陈年根 马鸣明　著	取材数十家企业研发改进的咨询实践，提炼一套实操的改进步骤与工具	新产品开发管理，就用IPD（升级版） 郭富才　著	把产品经营的思想凝结在新产品开发管理机制中，升级版更丰富
产品开发管理：方法·流程·工具 任彭枞　著	结合超过300家企业的实际研发管理方法，总结问题和方法，大量表格	资深项目经理这样做新产品开发管理 秦海林　著	采用过程管理方法，对新产品开发的四大过程进行分析，主要针对小电器产品
产品炼金术Ⅰ：如何打造畅销产品 史贤龙　著	如何打造畅销产品的四个方法	产品炼金术Ⅱ：如何用产品驱动企业成长 史贤龙　著	经营者视角重新认识产品，对产品现状快速诊断
中东历史与现状二十讲 黄民兴　著	对中东几千年的历史和动荡的现状进行了一个白描	非暴力抵抗的诞生 甘　地　著	甘地南非21年为印度侨民争取政治权利的艰苦历程

续表

书名	内容	书名	内容
中国古代政治制度上：皇帝制度与中央政府 刘文瑞　著	探究中国古代政治制度的规则和机制，论证古代皇帝制度的形成和演变历程	**中国古代政治制度下：地方体制与官僚制度** 刘文瑞　著	探究中国古代政治制度的规则和机制，论证古代地方政府的发展演变过程
两晋南北朝十二讲 李文才　著	分12个专题对两晋南北朝的历史进行阐述	**每个中国人身上的春秋基因** 史贤龙　著	透过真实的春秋历史，看到人性里的黑暗与光明、卑劣与高尚
二、哲学			
车过麻城·再晤李贽 张再林　著	用游记的方式，展示李贽独到的学术眼力和理论建树	**王阳明万物一体论** 陈立胜　著	“万物一体”是王阳明思想的基本精神。大人者，能与天地万物为一体
自我与世界：以问题为中心的现象学运动研究 陈立胜　著	对现象学运动之中的“意向性”“自我”“他人”“身体”及“世界”进行深入分析	**作为身体哲学的中国古代哲学** 张再林　著	对中国古代哲学之性质内容给予一种全新的理论解读
中西哲学的歧义与汇通 张再林　著	揭示中西哲学“你中有我，我中有你”之旨		
三、传统文化			
与老子一起思考·道篇 史贤龙　著	一本将《老子》思想本义、思想价值、思想史地位、文明史意义讲透的著作	**与老子一起思考·德篇** 史贤龙　著	考、释、译、论四个方面的工作对《老子》进行解读
国富策：读管子知天下财富 翟玉忠　著	《管子》轻重十六篇为核心的轻重术，深刻阐发并从中汲取有益时代的经验教训	**说服天下：鬼谷子的中国沟通术** 翟玉忠　著	为纵横家正名，对纵横术进行了系统总结
中国商道 翟玉忠　著	对中国先秦和明清时期商业典籍系统整理和诠释	**梁涛讲孟子之万章篇** 梁　涛　著	对《万章》的讲解通俗、富有新意
中国思想文化十八讲 张茂泽　著	中国宗教文化课程10年基础上撰写而成，介绍中国古代宗教思想	**孔门心法，中道而行：史幼波中庸讲记** 史幼波　著	史幼波讲的《中庸》提炼出中华传统心性之学的精髓
大学之道，圣学纲目：史幼波大学讲记 史幼波　著	史幼波讲的《大学》帮助我们在自己身上找到一个精神的皈依处	**史幼波《周子通书》《太极图说》讲记** 史幼波　著	根据史幼波围绕这两篇儒学经典的系列讲座整理而成
四、书法·太极·教育·英语			
跟陈忠建学写名家书法Ⅰ 陈忠建　著	用视频跟陈忠建学名家书法之楷书·行书	**跟陈忠建学写名家书法Ⅱ** 陈忠建　著	用视频跟陈忠建学名家书法之隶书·楷书·行书
郑子太极拳理拳法 杨竣雄　著	作者14岁入郑子太极之门，用故事性的方式讲述教学	**内功太极拳训练教程** 王铁仁　著	训练方法及练习，用内气演练过程予以详析，有视频
别让你的执着毁了孩子 廖信林　著	复盘与孩子互动过程中的关键时刻，有效的亲子教育	**像美国人一样讲话** 马方旭　著	美国最常用的800句习惯用语搭配场景例句，有视频